JN185716

故事に学ぶ

岩﨑　充孝

はしがき

第二の職場で職員用の広報冊子『ルルドの聖母』が発行されることになりました。編集委員より、「何か書いてくれ」と要請があり拙文を毎月書きました。最初はノモンハン事件から終戦の詔書までの「先の大戦に学ぶ」でした。その後は「明治維新期の偉人に学ぶ」そして「故事に学ぶ」でした。

今回、「故事に学ぶ」のなかから選び出し、明徳出版から上梓することになりました。人間の長い歴史のなかには、転変、地異や中国では易姓革命による治乱興亡、人は艱難辛苦を経て生きてきています。このような中で、特異な生きざまをした者や並外れた事績を残した人物がいます。

歴史上の事跡から故事として残り、その内容から格言や諺が生まれました。格言や諺は含蓄のあるものです。これを挨拶や訓示に利用すれば効果は一段とますことは間違いありません。本書を味読していただき活用していただければ望外の幸せです。

刊行にあたり明徳出版社の向井徹様のご尽力に助けられました。篤くお礼申し上げます。

平成二十八年五月

岩﨑　充孝

目次

目　次

故事に学ぶ

聖人「孔子」　岩崎 敏筆

1 怨みに報いるに徳を以ってす

老子（ろうし）の考えは「老荘思想」として我が国の精神性に影響を与えている。標記の「怨みに報いるに徳を以ってす」は箴言集である『老子』のなかにある。厳しい現実を生きていくための英知を説いていて、別名『道徳経』と呼ばれている。人としてあるべきものとして「道」と「徳」を主張している。

万物の根源に普遍的な原理が働いていて、それを「道」とした。「道」を体得すれば、「道」がもっている深遠な「徳」を身につけることができる、と訓じている。「徳」とは何かに対して、①無心、②無欲、③柔軟、④謙虚、⑤柔弱、⑥質朴、それに、⑦控え目、からなっている。

孔子（こうし）の訓えは生真面目なものが多いが、老子の教えは厳しいものが少なく多くの人に受け入れられている。

原文では、「無為を為し、無事を事とし、無味を味わう、小を大とし、少なきを多しとす。怨みに報いるに徳を以ってす。」となっている。「無」とは限りないものであり、この「無」を悟ると心に広がりができると思われる。味で酒は酒の味があり、刺身には刺身の味があるが、酒や刺身以上のものにはなれない。限りある味である。

「大」と「小」、「多」と「少」は、絶対的なものではなく、相対的なものであり、このことを理解すると心が救われることが多いのではなかろうか。

生活していく上でBさんは、Aさんからいじめられたとする。Aさんに対して「目には目を、歯には歯を」で挑みやりかえすも一つの方法である。しかし、賢くてゆとりあるBさんは、Cさんやその他の人に「Aさんは人間的にできた人でいい人よ」と吹聴すれば、その吹聴内容は自然とAさんにも伝わっていきAさんとBさんは良好な関係になる。これが、「徳を以ってす」である。

『聖書』マタイによる福音書五章三九では、「もし、だれかがあなたの右の頬を打つなら、ほかの頬をも向けてやりなさい」と諭している。キリスト教の教えも怨みに対処する人間の態度を説いたものである。

先の終戦時の蔣介石

太平洋戦争末期の昭和二〇年八月六日、米国のB29が広島に飛来し、原子爆弾を投下した。死者行方不明者九万二千三三三人、重軽症者は三万七千四二五人に達した。八月九日には長崎にも原子爆弾を投下した。和平の仲介をソ連に依頼していたが、佐藤尚武駐ソ大使に対して、モロトフ外相は八月八日に会いたい旨の連絡をしていた。佐藤大使は会えば和平交渉に関する回答があると期待したが、モロトフ外相は、日ソ中立条約を無視して対日宣戦布告書を手渡した。八月九日にはソ連軍はソ満国境を越えて満州へなだれ込んだ。スターリンは対日宣戦は、当初八月一一日を予定していたが、原子爆弾の投下により日本の降伏が早まると判断し八月八日に繰り上げた。

このような戦局最悪のなかで、八月一四日の終戦にむけての御前会議で聖断が下る。会議は戦争終結を決定し、連合国側のポツダム宣言の受け入れを決定した。天皇陛下による終戦の詔書が発布され、放送用に録音された。終戦の詔書は、玉音放送として一五日の正午に全国にながされた。

中国の国民党の蒋介石は、一五日の一一時に重慶から「対日戦勝利放送」を行った。
「我々は仇（かたき）に報復したり、敵国の罪なき国民に対して侮辱を加えてはならない。もし、暴行をもって敵の過去の悪行に応え、敵の間違った優越感に報いるなら、恨みはまた恨みを呼び、永久に止まることはない」。そして「大陸の二〇〇万余の日本の軍人民を速やかに帰国させ、日本への賠償も放棄する」。この「以徳報怨」演説は、二〇世紀の人道演説で光ぼうを放っている。

戦後、大陸からの引き揚げが始まるが、満州を制圧していたソ連は日本人の男性をシベリアへ抑留した。婦女子にたいしては整然とした帰国への道筋をたててやることなく、自力で帰国となり困難を極めた。その点、蒋介石の勢力下での引き揚げは早い帰国となった。

引揚者を迎えた主な港は、舞鶴港六六万四千五三一人、仙崎港四一万三千九六一人、博多港一三九万二千四二九人、浦頭港（佐世保）一三九万六千四六八人、鹿児島港三六万九二四人である。引揚港としては、歌謡曲の「岸壁の母」で舞鶴が有名であるが、引揚者の数では佐世保が最多である。

浦頭は佐世保の針尾島にあり、早岐から西海橋へ向かっていく道の途中から右へ下ったところである。引揚者は浦頭で本土の土を踏み、ある人はリュックを背負い、子どもの手を引き、荷物を提げて、引揚援護局のあった旧針尾海兵団跡へ徒歩での移動であった。援護局での手続きが済むと、南風﨑（はえのさき）駅から全国へ向かって散っていった。

針尾海兵団の跡は、現在はハウステンボスとなりテーマパークとなっている。訪れる人も多いようであるが、浦頭には引揚記念館があるので、是非に立ち寄って先人の苦労を偲んでもらいたいものである。

2 臥薪嘗胆

臥薪嘗胆（がしんしょうたん）とは、薪の上に臥して、胆を嘗めることであり、辞書によると、「将来の成功を期して長い間、艱難辛苦すること」とある。

中国春秋時代の後半の前六世紀頃の話である。揚子江（長江）の南に、呉（ご）の国とまたその南に越（えつ）の国があった。呉の国と越の国は仲が悪く戦争となり、呉の国は越に撃破され、呉王の闔閭（こうりょ）は足の親指に矢傷を受け、それがもとで戦死した。死ぬ前に呉王は、息子の夫差（ふさ）に対して「きっと越のウラミを忘れるな」と遺言した。

呉王となった夫差は、自分の部屋の出入口に家来を立たせて、出入りするたびに「夫よ、越王がお前の父を殺したのを忘れたか」と呼ばせ、復讐の念を忘れないようにした。夫差は、「いえ、忘れません。三年後にはきっとカタキうちをします」と答えて、兵の訓練を怠らなかった。また、父の無念の言葉を胸に秘めて、夜に寝るときは、タキギの上に寝て、この辛さを与えたのは越の国であると自分に言いきかせた。

呉の情報を得た越王の勾践は、軍師の范蠡が止めるのも聞かずに、「攻撃は最大の防御」として戦いをしかけた。時は紀元前四九四年のことである。満を持していた呉王の夫差は、越軍を夫椒山に破り、越国深く会稽山に押し込み包囲することになった。

越王の勾践は、恥をしのんで和議を申し出た。条件として、呉王の家来となる、正室は呉王の妾とするし、越国は呉国の属国となった。大勝利を得た呉王夫差は、南の憂いが無くなり、国力を蓄え一二年後には、西方の諸国の王を集め、これからは全中国を指図することを宣言した。

勾践は許されて故国にかえり、自ら農作業に従事し、夫人も自ら機織りをし、人民と苦労を共にした。勾践は、常に身近に胆を置き、それを嘗めて「なんじ、会稽の恥を忘れたるか」と叫び、復讐を誓った。

呉王の夫差が北へ遠征した隙を狙って、チャンスが到来したとして、勾践は呉の都へ攻め入り、呉の太子を打ち取った。呉王の夫差は、直ちに呉へ戻ったが、諸国へ号令を出している手前、越の処理を独立国として認めることにした。

このときから四年後に再び越の勾践は、呉国へ攻め入った。徹底的に戦い、戦いは三年に及んだ。呉の都の故蘇を包囲し、退路を断つために水軍も配備した。呉王の夫差は、流罪となるよりはと考え、自らの生命を断つことを選んだ。時に紀元前四七三年のことである。

蘇州

呉の都は、現在の「蘇州」である。日本人にとって蘇州は、「蘇州夜曲」、「寒山寺」や漢詩の張継の「楓橋夜泊」などで親しみの多い都市である。中国人にとっては、中国の諺に「天に極楽、地に蘇杭あり」とあるように、地上の極楽は蘇州と杭州ですよと、あるように最も生活のしやすい環境の街である。

蘇州の「蘇」は、「くさ冠」、「魚」と「禾」で構成されている。「くさ冠」は草が茂ることを意味し、食用の野菜も沢山とれることである。「魚」は、河川、運河や掘割に魚影が濃いことを意味している。「禾」は、穀物を意味するので、米や大豆などを豊富に産することである。

その上に、江南のこの地は、北京などに比べれば非常に温暖で生活のしやすい土地である。そのために、中央政界や経済界で功をなし名をなした者が引退して余生を過ごす土地として蘇州を選んだ。現在、沢山の銘園が残っているのもそのためである。

楓橋夜泊(ふうきょうやはく)

唐の時代の張継の作で、七言絶句である。

月落烏啼霜満天　　月おちて烏ないて霜天に満つ
江楓漁火対愁眠　　江楓漁火愁眠に対す
姑蘇城外寒山寺　　姑蘇城外寒山寺
夜半鐘声到客船　　夜半の鐘声客船に到る

銘園

蘇州の庭園で、世界文化遺産に登録されている銘園が六園あるが、そのなかでも四大庭園と称されるのが、留園(りゅうえん)、拙政園(せっせいえん)、獅子林(ししりん)、滄浪亭(そうろうてい)である。

東日本大震災の復興

東日本大震災では、約二万三千人の尊い命が奪われたり行方不明になる、また、家屋や施設の損壊などの被害があった。全国民、世界からお見舞いの心や、お悔やみの心が、義捐金や支援物資として届けられている。

関東大震災の折の米大使のウッズは、救援に尽力するとともに、こう述べている。「このような未曾有の災厄にあいながら、罹災民は気落ちすることなく、老幼婦女子にいたるまで、非常な決心と勇気を眉宇の間にみなぎらせながら、整然とした秩序の下に後始末に従事している」

新聞報道やテレビを見ていると、被災された方々は秩序ある態度で整然として、この災厄に対応されている。一日も早い復興を全国民が臥薪嘗胆となって、日本人として矜持をもち推進することが必要であると考えられる。

3 漁夫の利

この言葉は日常的な会話にも使われあまりにも有名である。「両方が争っているとき第三者に利益をせしめられる」という意味である。この話は中国の『戦国策』が出典である。戦国時代（前四〇三～前二二一）の中国東北部の国の燕は、南に斉、西に趙と接していて、国境は常に緊張していた。燕は多数の兵士を斉へ派遣していた時期に、燕の飢饉などの弱みにつけこみ、趙が遠征の計画がもたらされた。燕の昭王は、斉と趙との両国と事を構えるには荷が重いと考えて、臣下の蘇代を趙へ派遣して趙王を説得してもらうことにした。蘇代は趙の恵文王に目通りをして得々と口説いた。

「私は今日お国に参りますとき、易水（山西から河北への流れで燕と趙の国境）を通りましたが、ふと川辺に目をやりますと、蚌が口を開けて日向ぼっこをしていました。そこへ鷸が来合せて、その蚌の肉をついばんだところ、怒った蚌は急に貝殻を閉めて、その嘴を挟んで離そうとしませんでした。どうなることかと眺めていますと、鷸が『このまま、今日も雨が降らず、明日も雨が降らなかったらお前は死ぬだけだぞ』と言いますと、蚌も負けてはいません。『おれが今日も離さず、明日も離さなかったらお前こそ死ぬのだぞ』

両方ともに意地をはって言い争うばかりで、和解しようとしません。そうこうしているうちに、運悪く漁師が通りがかり、両方とも簡単に捕まえました。私はハッと思い当たりました。王は今、燕を攻めようとしておられますが、燕が蚌なら、趙は鷸です。燕と趙がいたずらに争って国を疲弊させたら、あの巨大な秦が漁師となってうまい汁を吸うことでしょう」

趙の恵文王は賢明な王であり、蘇代の説得が分からないはずはない。秦の巨大な軍事力を思えば、燕を攻撃するのは得策でないと判断した。

第一次世界大戦

一九一四年六月二八日、オーストリアの皇太子夫妻が、セルビアのサラエボで銃殺される事件が発生した。オーストリアはセルビアに対して、同年七月二八日に宣戦を布告した。セルビアと関係の深かったロシアは、オーストリアとの対決姿勢をとった。オーストリアと同盟関係にあったドイツは、ロシアそしてフランスを相手に戦端を開いた。すぐにイギリスもドイツに宣戦布告を行った。

アメリカはアメリカの商船がドイツのUボート（潜水艦）により攻撃をうけたことにより、ドイツに宣戦を布告し、戦火は世界に拡大した。日本はイギリスとの日英同盟を理由にドイツに対して宣戦布告した。

ドイツが中国から租借している青島（チンタオ）や、太平洋の南洋諸島のドイツ領を攻撃した。青島には五千人のドイツ兵に対して、日本は五万の兵を送り占領した。南洋諸島についても海軍が出かけて占領した。

ヨーロッパの主戦場から遠く離れていた日本は、大戦による混乱の外で、領土は拡大するや東アジアへの輸出の増加で経済的にも潤い、まさに、漁夫の利であった。大戦により軍需物資は不足し、国内は製造業、輸出産業、鉄鋼や造船、それに海運業が急成長し、アジア第一の工業国となった。

第一次世界大戦の対ドイツ平和会議がパリで開催されると、アメリカ、イギリス、フランス、イタリアと肩を並べて日本も参加した。この五か国がこの時点で「世界の五大国」

となった。この会議で成立した「国際連盟」に日本は常任理事国となった。

ドイツ兵俘虜

ドイツ捕虜兵は、四千七一五人で千人が徳島県鳴門市の板東俘虜収容所に収容された。ドイツ兵に対しては自由を認めていたので、ドイツ兵は文化や、学問、食文化を日本に伝えた。特に鳴門では、ベートベンの交響曲第九番を所内で演奏している。

久留米俘虜収容所は、旧衛戍病院病舎に千三一四人が収容された。音楽活動として、交響曲第九番（歓喜の歌）を久留米高等女学校講堂（現・明善高校）で演奏している。日本の一般人が「歓喜の歌」を聞いたのはこれが最初である。食文化やゴムの活用についても伝授している。死亡したドイツ兵にたいしては、競輪場の入り口あたりに立派な「俘虜ドイツ兵慰霊碑」を建立している。

ロシアに看護婦を派遣

先年、中国大連を旅した折に、骨董店で看護婦等が写った写真の額があり購入した。写真の下に「日本調赴俄京之紅十字隊」と記載してあった。中国ではロシアのことを「俄」としているので、この写真は露国派遣看護婦隊がウラジオストックからシベリア鉄道で露都へ向かうときに撮影されたものと考えた。

日本赤十字社の資料を調べると、日赤は英仏露にたいして救護班の派遣を提案し、露国からは要請があったので派遣したとある。

医長一名、医員二名、薬剤師一名、友成トミ看護婦長、看護婦、小栗ハツ、福田りい、永井フヨ、吉田美奈、大川わか、杉山フミの六名と、通訳等が二名である。優秀な日本の看護婦であり露国でも大いに活躍したと思われる。

第一次大戦の同盟国は、英、仏、露、米そして日本であった。

4 愚公　山を移す

中国の古典である『列子・湯問篇』に出てくる話である。列子は戦国時代の人だから二千三百年前後に、中国の神話時代の物語としてでき上がったと考えられる。

太行山は河北の南にあり、四方が七百里で、高さが一万ヒロあった。王屋山は、河北の北にあり、広さと高さは太行山と同じであった。

北山の愚公という人は、齢は九十で山の北側に住んでいたため、陽あたりも悪く、他所へ出かけていくのに山を迂回しなければならなかった。そこで家じゅうの者を集めて、「わしたちは、ありったけの力をだして山を平らにして河南の南に出られるようにしたいと思うが、どうじゃ」と呼びかけた。

みんなは揃って賛成したが、細君だけは疑問を投げかけた。細君は「あなたの力では小山さえ崩せなかったのに、太行山や王屋山を崩せるものですか、また、崩した土はどこに運ぶのですか」と問うた。しかしみんなは「渤海の岸辺やこの世のはてにでも捨てるさ」

と叫び意気盛んであった。

愚公は三人の息子や孫を引き連れて、石を割り、土を掘り起こし、モッコで東の渤海へ運んだ。隣にすむ後家さんには、やっと歯が生え換わる子供がいたが、その子も喜んで土掘りに参加した。

しかし、渤海に土を捨てて戻ってくるまでに一年を要する有り様であった。これを見た黄河のほとりに住む智叟（ちそう）という者は笑いながら「あんたのバカさかげんもヒドイもんだ」、「老いさき短いのに、山のはしくれも崩せまい」と言った。

愚公はため息交じりに、「おまえさんのようにキマったことしか考えない人にはとうてい解るまい、おまえさんは、あの後家さんの息子にも及ばない」と反論した。

愚公は、「わしが死んだとて息子がいる、息子に孫がうまれる、孫がまた子供を産む、その子に子供が生まれる、子子孫孫いつまでも絶えることはない、だが、山はふえない、なんで案ずることがあろう」と続けた。智叟は返す言葉がなかった。

山の主である蛇神様はこれを聞きつけて驚いた。愚公はいつになったら諦めるだろうかと心配して天帝に申し上げた。天帝はこの一途な心根に感心され、そこで、夸蛾の息子二人に命じて、二つの山をそれぞれに背負わせて、一つは北東の方へ、もう一つは南の方へ運ばせた。それから、河北の南から漢水のほとりまで一面の平原になった。
愚公はおろか者で、智叟はチエのある人という意味の名前で、もともと固有名詞でない。

継続は力なり

この故事を読むと、「継続は力なり」と物事を考えるときに「長期的・根本的・多面的」が肝心であることを想起される。物事を成功させるには、継続的な努力が必要であることは、誰でもが熟知している。しかし、努力しても成果が上がらない時期がある。この時期を専門家は「練習高原」と言っている。練習（努力）しても成果は右肩上がりにはならず、むなしく平行線をたどるのである。ここのところが肝心なところで、耐えて努力すれば、ある時からグーンと伸びる時がくる。

ゴルフでいえば、ハーフ五〇をきるようになったが、ワンラウンド一〇〇が切れない時期が長く続くことがある。ここで諦めることなく練習をすれば、ある日から常に一〇〇をきる日が訪れるものである。

MOTTAINAI

平成二三年九月二五日の深夜、ケニアの元副環境相であり、ノーベル平和賞受賞者のワンガリ・マータイさんが天国に召された。我が国との係わりは、大きく二つある。一つは、日本人が物を大事にする節約の文化である、モッタイナイ（MOTTAINAI）の精神を理解され、世界にこの精神を発信されたことである。具体的には風呂敷が世界に広がっている。また「マイ箸」なども進んでいる。

もう一つは、ケニアの山麓を緑化する事業である。毎日新聞社と伊藤忠商事が中心となり、「緑のMOTTAINAIプロジェクト」アフリカ東部に緑と川を復活させる壮大な植林事業である。マータイさんは「何年かかるかわからないが、皆さんの善意で築かれたパートナーシップを生かし、末永く続けていきたい」と抱負を語っていた。木を植えて育てる運動は、何世代にわたる長い長い事業である。

マータイさんの「優しさと気配りのお人柄」に感謝を申し上げながら、「私たちが呼吸する空気、飲み水、食べ物すべて、自然からの預かりものである。これこそがMOTTAI

NAI精神の最も大切な価値なのです」のマータイさんの言葉を実践し、子供や孫へ伝えていくことが、彼女への感謝の心が伝わると確信する。

5 敬遠

『論語』の雍也篇第六に「樊遅、知を問う。」子曰く、「民の義を務め、鬼神を敬して之を遠ざく、知と謂うべし。」がある。樊遅が「知」について質問した。孔子先生が言われた。人民に対して、人として為すべき義務を果たすように教え、祖先や神々に対して十分に敬意をささげて、距離をおいてお祭りしておく、これが知というものだ。

この問答は知について適格に孔子は回答していないように私は感じる。それは樊遅が孔子より三六歳も年少であるとともに、戦争では大勇士であったが、あまり理解力の無い弟子であったようである。そのために理論的でなく具体的な回答となったものであろう。

孟子は「巻第十三尽心章句上」で、「其の心を尽くす者は、その性を知るべし。その性を知らば、則ち天を知らん」と言っている。孟子が言っているのは、「自分の持っている本心（惻隠・羞悪・辞譲・是非）を十分に発展させた人は、人間の本性がほんらい善であることを悟るであろう」で「知」とは悟りであると訓えている。

「敬して之を遠ざく」とは敬って狎れ親しまぬことで、要するに神頼みなどしないことである。古川柳に「神仏に手前かってを申し上げ」とある。多くの人は神仏に、身体強健や家内安全や極端な場合は宝くじの当選を祈るが、ほんとうは感謝を申し上げる程度にすべきであろう。

今日、「敬遠」とは、野球で一番使用されているようであるが、「憚って避ける」という意味で使われている。

遣唐使の廃止

日本国として、外国とのお付き合いを敬遠した歴史的なものとして、遣唐使の廃止、江戸幕府の鎖国政策それに国際連盟の脱退がある。この三事項の敬遠の功罪についての答えの一部を考えてみる。

中国の文化は、朝鮮を通じて我が国にもたらされていた。しかし、西暦五六二年朝鮮にあった日本の拠点の伽耶が新羅に滅ぼされたことにより、中国情報が入らなくなった。西暦六〇〇年に隋へ使いを出し、六〇七年に小野妹子を正使として隋へ遣わした。その後、六三〇年に第一回遣唐使として犬上御田鍬を遣わした。国家体制が律令制が確立し、奈良時代を経て平安京へ遷都して、平安文化も栄えて、中国から学ぶものは無いとして八九四年に遣唐使は廃止された。

我が国は中国から漢字をはじめ多くのものを学び取り入れたが、「科挙（かきょ）の制度」、「宦官（かんがん）の制度」それに「纏足（てんそく）」は取り入れなかった。科挙の制度は、競争の制度であるが、我が国は聖徳太子の「和をもって貴しとなす」があり、実行しなかったのであろう。

競争が良いのか、和がよいのか、今、ＴＰＰへの参加、不参加で論議されているが、競争をとりいれた場合は敗者への配慮が必要であると考える。

宦官の制度と纏足の制度は、人権を無視した制度である。とくに、纏足は女性を人として扱うことなく道具とした考えである。この三制度を導入しなかった先人の偉さを改めて考えさせられた。

江戸幕府の鎖国

十六世紀の日本は、国内にあっては秩序の変革期で下剋上があり、各有力大名が領土を拡張するために内乱の状態であった。しかし、全体的には活力のある社会で、多くの日本人が東南アジアなどへ進出していた。信心深いペトロ岐部は単身でローマまで出向いている。仙台の伊達政宗は、部下の支倉常長をして、太平洋を渡り、メキシコを踏破し、大西洋を渡海しスペインやローマに派遣している。

このように日本人の外向きの進取の気持ちを削いだのが鎖国であった思う。鎖国があったために江戸時代は平和であったと考える人もあるが、各人それぞれが持っている能力を発揮できなかったのが鎖国であったと考える。

国際連盟脱退

一九三一年中国東部の柳条湖で日本の関東軍が暴走して、列車爆破事件を起こして軍隊を満州全土に展開し制圧した。翌年には日本の傀儡である満州国を建国した。これに対して、中国は当然、異を唱え国際連盟へ提訴した。国際連盟はリットン調査団を派遣し調査した。調査報告を受けた国際連盟は、一九三三年二月二四日に総会を開き、日本軍の満州撤退勧告を四二対一で採決した。反対の一は日本のみであった。全権大使の松岡洋右は長い巻紙を読み、最後は「さよなら」と言って、随員を引き連れて会場を後にした。

昭和天皇は、国際連盟の脱退が決定された後に、牧野(まきの)内大臣を呼んで「脱退するまでもないのではないか、まだ残っていてもよいのではないか」と下問されたそうである。牧野内大臣は「まことにごもっともとは思いますが、脱退の方針で政府も松岡全権も出処進退しております」と答えたそうである。

日本としては国際連盟に止まるべきであったと思う。蚊帳の外という言葉があるが、脱退により情報が不足になる、話し合いの場がなくなるなど、常に土俵には上がっておかなければならないと考える。

6　月　日

中国の後漢帝国（二五〜二二〇）の政治は、皇后の一族と宦官によって政治が行われ、国家は衰退していった。第一〇代桓帝時に、宦官が結束して気節の士二〇〇人余を処刑した。次の霊帝の御代でも、同様に七〇〇人余が殺された。さらに、その者たちの門下生、その知人や親族までが流刑や投獄された。

このようなことにより漢帝国の政治は乱れて、衰退の道を歩み始めた。国民は政治への信頼を放棄し、流行し始めた新興宗教の「太平道」へ奔った。この宗教は河北の張角という男が始めたもので、伝説上の黄帝や老子の学説に変な理屈をつけたものであった。

天下が騒然としているなかに、民衆に帰依するものが現れ、数十万の信徒を集めた。霊帝一七年には張角は天下への野望を抱き、信徒を兵として率いて動き出した。その勢力は盛んで、短期間に全国へ拡がった。反乱軍の目印として黄色い巾を付けていたので、これを「黄巾の乱」と呼ぶ。

宮廷の宦官は権謀術数には長けているが、賊徒の平定する能力には欠けていた。あわて
て、流罪者や投獄者を赦免し、黄巾賊の征伐を指示した。野心満々の連中が挙兵したが、
そのなかで曹操は反乱軍を破って、その名を天下に挙げた。

首領の張角の病死もあり、反乱軍は壊滅した。戦乱は終わったが、各地で挙兵した軍隊
は、振り上げた拳を持っていく場が無くなった。そこで、この乱の元凶である宦官に向か
うことになった。

霊帝が崩御すると、袁紹という将軍が兵を率いて宮廷に乱入し、宦官二千人余を皆殺し
にした。董卓将軍は、次に帝位についた幼帝をクーデターによって追放し、後漢王朝にと
どめをさした。王朝の崩壊により、天下は群雄割拠となり三国時代の始まりとなった。

ちょうどその頃、河南省の汝南というところに許劭といとこの靖という二人の名士が住
んでいた。この二人は、毎月の一日の日に、郷党の人物を選んで批評していた。この批評
が極めて適切で的を射ていたので、「汝南の月旦評」として世間の評判となった。そして
人物を評価することを「月旦」というようになった。

この評判を聞いた曹操は、さっそく汝南へ出かけた。「この俺はいったいどんな男か批評してくれまいか」と問うた。乱暴者と知っている許劭は、なかなか口に出さなかった。しかし、曹操から督促されて答えた。

「あなたは太平の世に在っては、有能な官僚にすぎませんが、世が乱れれば、乱世にふさわしい姦雄となるに足る人物です」と答えた。曹操を評して「太平の能吏、乱世の姦雄」というのは、ここから出たものである。

これを聞いて曹操は喜び、黄巾の乱に対して挙兵することを決心したと言われている。出典は『十八史略（じゅうはっしりゃく）』である。

曹操が許劭のところへ出かけなかったら、また、許劭の答えが違ったものであったら、「三国志」は生まれなかったかもしれない。

国手　北里柴三郎

人物を評価するのは非常に困難である。その人物の人間性の面から見るのか、業績面から見るのかによって評価は分かれるようである。日本人で偉大な業績を残し、人間性に優れた先人は多い。医療の分野で世界人類のために貢献されて、「日本近代医学の父」と讃えられた北里柴三郎杏林を紹介したい。

先生は九重山塊の麓で、大分県との県境に近い、熊本県の小国町で幕末の嘉永五年一二月二〇日に生を受けられた。嘉永六年には米国のペリーが浦賀に来航した年である。北里家は代々大庄屋の家柄で、先生の幼少時代は負けず嫌いの暴れん坊だったそうである。

一八歳で医学に志して熊本医学校で、オランダ人医師マンスフェルトから医療の道筋を教えられた。三年後に東京医学校へ移り、在学中に「医師の使命は病気を予防することにある」と医師として進む道を確立した。そのために、病原微生物研究の第一人者であったロヘルト・コッホに師事するためにドイツへ渡った。

留学中に破傷風菌の純粋培養に成功した。それの毒素に対する免疫抗体を発見し、血清療法を確立し世界的な研究家としてその名声は不動のものとなった。帰国後は結核治療専門病院の土筆ケ岡養生園で結核治療について研究するなか、香港でペストが蔓延すると出かけてペスト菌を発見するなどの功績を遺した。

人間的には、同僚や弟子でもたるんだ奴が大嫌いで、徹底的に叱ったとのことである。

そのためにニックネームは「ドンネル」（雷おやじ）だったそうである。

しかし、人前では絶対叱ることがなかった。人前で叱ると相手がヤル気を無くすからと配慮の人であった。任せた後は口出しすることはなく、眺めるだけであったので、弟子たちは研究に集中できたようである。

揮毫（きごう）を依頼されると「任人勿疑　疑勿任人」（人を任ずるに疑うなかれ、疑って人を任ずるなかれ）と書いたとある。

7 五十年前　二十三

耳順を過ぎた芸能人が、若い奥さんを迎えたとして最近話題になった。中国の古い時代に年をとって結婚した故事がある。科挙(かきょ)の試験に挑戦して合格した時が七三歳で、合格のご褒美として宮女を賜り結婚した話である。

科挙の試験は官吏の登用試験で、現在の日本でいえば国家公務員の試験である。この制度の歴史は古く、あの大運河を掘り進めた隋(ずい)の時代に始まっている。清(しん)の時代まで続いているので、約一四〇〇年の歴史があり、科挙は上級官吏へ登竜門であった。

科挙は時代によって内容が異なるが、清朝時代が一番充実していたようである。清朝時代に例をとれば、大きく学校試と科挙試と二つに分かれていた。学校試は、県試、府試、院試、歳試の四段階であった。科挙試は、科試、郷試、挙試、覆試、会試そして殿試の六段階であった。各段階を経ていかなければ高級官吏になれなかったのである。

官吏になれば、一般の庶人の生殺与奪の権を握り、訴訟問題にも裁可の権があり、「魚心あれば水心」ではないが、何かと実入りが多かった。そのために、「三年も役人をすれば一生、食うには困らぬ」といわれていた。そのために受験する者は多いが、採用人員は限られていた。難関を突破するためには、明けても暮れても書物にかじりつき、猛勉強をして頭に白いものが出ても頑張った人がいた。唐の時代には、「五十にして進士すくなし」の諺もあった。

宋の時代に次のような話がある。殿試（最終試験）に合格した新しい進士に対して、帝が一人ひとりを引見してみると、ひどく歳をとった者がいた。年齢を尋ねると、七三歳と答えた。子供はと問えば、勉強に明け暮れて独身であると答えた。

帝はこの進士を哀れに思われ、宮廷に仕える女官のなかから、施氏という若い美人を与えた。

これを聞いた市井の人は、次のような歌を作って囃したてたとある。

新婦、もし新郎の齢（とし）いくつと問わば

五十年前　二十三

詹義（せんぎ）という挑戦者も老年になって進士に及第した、わが身を自嘲して次のような詩を作ったという。

読み尽くす詩書の五、六担
老い来たってまさに一青衫（せいさん）を得たり
佳人、我に齢の多少を問わば
五十年前　二十三

車一杯の書物を読み、老齢に至ってようやく官吏の服を着ることが出来た。若い美人に年齢を聞かれたら、「これでも五十年前には二十三歳の若者であった」と答えよう。

勉強漬けで過した青春の日々を思い起こし、老人の溜息が聞こえてくるような詩である。

悔いのない青春を過ごす事が大事であろう。

長寿考

江戸時代の中期に生きた福岡藩の貝原益軒（かいばらえきけん）は、八四歳までの長寿であった。現在は、平成二一年の簡易生命表によると、日本では男性が七九・五九歳、女性が八六・四四歳で、その差は六・八五歳である。このことにより、男性よりも女性の方がしぶとく生きる力があると、考える人が多いようであるが、そうであろうか。

五月三一日は、「世界禁煙デー」であった。世界保健機関が世界各国へ禁煙を呼びかけた。日本でも、五月三一日から六月六日を「禁煙週間」として啓発に努めている。この日を境に禁煙にトライされた愛煙家も多数おいでになることであろう。

日本の成人男性の喫煙率は三〇％強程度で、成人女性は一〇％程度である。この二〇％程度の喫煙率の差が、男性と女性の平均余命の差として表れていると考えられる。がんの原因のトップは喫煙で、ほとんど全てのがんを増加させていると言われている。

がん対策として、喫煙率の低減に向けて、動機づけ指導の重要性が、今後の重要な課題と考えている。また、指導の段階で、喫煙者に対して、酒の害はそのドリンカーだけであるが、喫煙は喫煙しない人に「受動喫煙」として害を及ぼすことを指導する必要がある。

8 三　省

書棚に中学生から使った英語の辞書がある、出版社は「三省堂」とある。この出版社はおそらく『論語』のなかからとったものであろう。世界三大聖人といわれている孔子の言行録は『論語』としてまとめられ、秦の始皇帝の「焚書坑儒」の政策を潜り抜け今日に伝えられている。その『論語』のなかに「三省」がでてくる。

学而篇の第四に「曾子曰、吾日三省吾身、為人謀而不忠乎、与朋友交而不信乎、伝不習乎」とある。素読をすると「曾子いわく、吾、日に三たび吾が身を省みる。人の為に謀りて忠ならざるか、朋友と交わりて信ならざるか、習わざるを伝えしか」である。

曾先生はいわれた。「私は毎日三回、自分自身について反省している。他人からの相談ごとに対して、真心をこめて乗ってやらなかったのではないか。友人と交際するにあたり、約束をたがえたりしなかったか。先生から教えられたことを、じゅうぶん復習することもなく、皆に教えてしまったのではないか」

孔子には、三千人の門弟がいて、特に優れた十人の門人を「四科十哲（しかじってつ）」というが、曾子は孔子より四六歳年下であったために十哲のなかには含まれていないのではないかと思われる。曾子の孔子塾に入門した年齢からすると、孔子から直接に教えを受けることは少なかったと考えられるが、上記のような訓言を発することから優秀な青年であったことは推察できる。

社会生活を営む上では多くの人々と接するが、相手の人からいろんな相談があるが、その相談に相手の立場に立ち真摯に相談を受け答えをだしてやることは、相手から信頼されてその後の交際もうまくゆくものである。

友達と交わるに、つい、気安いものだから、アフターファイブのお茶の集まりの約束の時間に遅れていくなど、よくあることである。よく観察していると遅れてくる人は、何時も決まった人で、必ず遅れた理由を述べるようである。反省することにより、次回からはひとつ早いバスに乗るなどして信用を回復していくことができる。

仕事をする現場で後輩へ仕事を教えることは多々ある。教える人は理論はもちろん、現場で十分経験し後輩に教えると、後輩からも尊敬されるし、業務も円滑に進むことになる。

中途半端な知識と経験で、他の人に教えることは反省する必要がある。
孟子は「行いて得るものあらざれば、反えりてこれを己に求む」と訓じている。

古典の日

『論語』は古典中の古典である。一一月一日は、「古典の日」と法定化された、ただし国民の祝日とはならなかった。日本の古典では、『古事記』がある。少し内容を紹介すると、「天の浮橋でイザナギの命とイザナミ命が、天の沼鉾をコオロコオロと掻きますと、沼鉾の先から滴りおちたものが嶋となった。最初の嶋は淡路島、二番目は四国、三番目は隠岐の島、四番目が九州、五番目が壱岐、六番目が対馬、七番目が佐渡島で最後に本州ができた。そのために日本国のことを大八嶋という」

反省＝マネジメント

組織の業務を推進するにあたっては、管理運営つまりマネジメントが重要である。このマネジメントを的確に行うためには、常々、その内容を反省し、次へ繋げる指示等を発していけば、その組織は安泰であると考える。

話はかわるが、新聞情報によると、ロイター通信が東京発で、韓国のサムスングループがある日本人技術者に提示したスカウト条件を紹介している。「取締役で迎え、年収は六千万～一億円。契約期間は三年～五年で数千万円の契約金も支払う。専属の秘書と運転手付きの車を提供する。一〇〇平方メートルの広さの家具付きマンション、日本への帰国や家族の韓国訪問の費用も会社が負担する」とのことである。

これほどの破格な条件でなくても、好待遇で日本の優秀な技術者を近年、韓国や中国は引き抜いているようである。業績不振の日本企業としてリストラせざるを得ない状況で、そのリストラされた技術者が海を渡るケースもあろう。しかし、勤務する企業でその技術者がその企業から正しく評価されずに不満を抱いて新天地を求めるケースもあろう。

筆者は、常々「弾んだ毬論」を考えていた。相手に対して、弾んだ毬を与えると、相手は弾む毬だから次から次へ毬を楽しく突くはずである。これが萎んだ毬であれば相手は放り出すにきまっている。管理者は常に毬に空気を送り込むことが大事である。そして、仕事であれば、好きになるだけではダメで、仕事を楽しむようになればシメタものである。

日本の優秀な頭脳や技術者が海外流出することは日本が優位にたつことができなくなるために、組織の管理運営を行う責任者は常に反省し、労務管理及び人事管理を行う必要があるようである。

9 寿(いのちなが)ければ辱(はじ)多し

この故事は中国太古の時代の話である。太古の伝説的な聖天子としては、堯(ぎょう)帝、舜(しゅん)帝、禹(う)帝がいる。堯帝がある地方へ行幸した。関所へ来ると関守(せきもり)が鄭重に、「帝のためにお祈りさせてください。どうぞ長生きされますように」とお祈りを始めた。堯帝は「それは止めてくれ」と言った。

続けて関守は「お金持ちになりますように」と祈り始めると、堯帝は「それもゴメンだ」と言った。関守は次に「どうぞ男の子が沢山生まれますように」と祈ると、堯帝は「それもイヤだ」とことわった。

そこで関守は、「いま帝のためにお祈りした三つのことは、誰でもがこの世では、こうありたい願うものです。それをイヤがるのは何故ですか」と問うた。堯帝は、「男の子が沢山では心配ばかりすることになる、お金持ちになれば面倒なことが多くなる、長生きしているとそれだけこの世はツマラナイことも多くなる、この三つは徳を養うのに妨げとなる」と断った理由を述べた。

帝のこだわりに対して、関守は「なーんだ、あなたは聖人と思ったが、せいぜい君子といわれる人にすぎない」と尊崇から一歩下がった発言となった。「男の子が多ければ仕事をやればよし、金があれば分けてやればよい、長生きしていても世がマトモならともに楽しみ、世がマトモでないならばわが身の徳を高めて静かに暮らし、千年生きてもうたくさんだと思ったら仙人になって白雲に乗って天帝のいるところへ遊びに行けばよい、なんの妨げがありましょう」と言い切って堯帝の前から姿を消した。

出典は、老荘思想の書である『荘子（そうじ）』天地篇である。確かに長生きしていると失敗をしたりして悔やむことも多い。「生あるものは死し、形あるものはくずれる、これが世のならい」と、死は誰にでも訪れるものである。

在原業平

在原業平（ありわらのなりひら）は平安時代初期（八二五年〜八八〇年）の貴公子で、平城天皇の孫にあたる。美男子の代名詞で、「昔、男ありけり」で始まる『伊勢物語』の主人公と伝えられている。

歌人としても才があり、物語の「東くだり」の段では、武蔵国と下総国の境の隅田川では、「名にしおわば　いざ言問わん　都鳥　わが想う人は　ありやなしやと」と詠っている。意味は、「都鳥という名の鳥であれば、都のことは知っているだろう、私が恋焦がれている女（ひと）は息災にしているだろうか」である。東京台東区の浅草あたりから、墨田区向島（むこうじま）方面へ隅田川を渡る橋に「言問橋（ことといばし）」があるが、この橋の名は「東くだり」のなかから取ったものである。

在原業平は五五年の生涯だから、当時としては長生きの方である。「ついにゆく　道とはかねて　聞きしかど　きのう今日とは　おもわざりしも」と辞世の歌がある。

著名人の辞世の歌

・黒田官兵衛

おもいなく　言の葉なくて　ついにゆく　道はまよわじ　なるにまかせ

・太田蜀山人

いままでは　他人のことだと　思いしに　おれが死ぬとは　これはたまらん

・十返舎一九
この世をば　おいとま乞い　せんこうの　煙と共に　灰さようなら
・一休和尚
生まれて　死ぬるなりけり　おしなべて　釈迦も達磨も　猫も杓子も
・高杉晋作
面白き　こともなき世を　面白く　住みなすものは　心なりけり

著名人の死を思う言葉

・ガンジー
生は死から生じる。麦が芽ぐむためには種子が死ななければならない
・武者小路実篤
生まれ死ぬ。死ぬ生まれる。かくて人生は新しく、常に新鮮である。貴き者が死ねば、又、貴きものが生まれる。
・レオナルド・ダ・ヴィンチ

あたかもよく過ごした一日が安らかな眠りをあたえるように、よく用いられた一生は安らかな死をあたえる。

・シェクスピア

臆病者は、死に先だって何度も死ぬが、勇敢な者は、一度しか死を味合わない。

・葛飾北斎

天がわしをもう五年間だけ生かしておいてくれたら、わたしは真の画家になれたであろう。

10 切磋琢磨

切磋琢磨(せっさたくま)とは、「角や骨を刃物で切りヤスリで磨き、玉や石を鑿(のみ)で形を整え、それから砥石をかけて磨き上げる」ことである。この作業は時間を要するとともに、慎重さが求められ、目的を達成するには苦労を共にしなければならない。そのために、学問、徳行やその他いろんな事に対して修行する意味である。出典は、中国古代の詩集である『詩経』である。


彼の淇奥(きいく)を瞻(み)れば　緑竹猗猗(いい)たり。

斐たる君子あり。

切するが如く磋するが如く　琢するが如く磨するが如し。

瑟(しつ)たり僩(かん)たり　赫(かく)たり咺(けん)たり　匪(ひ)たる君子あり。

終に諼(わす)るべからず。

彼の川の奥を見れば、緑したたる竹は美しく繁茂している
均整のとれた美しい君子がいました
角や骨を刃物で切り、ヤスリで磨き
玉石を鑿で形づくり　砥石で磨いています
おごそかで、心のひろい、そして輝き明るい君子である
忘れることのできない君子である

二〇一二年は四年に一回のオリンピックの年である。また、我が国が初めて参加した一九一二年から一〇〇年目の節目の年でもある。多くの選手が日の丸を背中に背負い活躍している。八月七日の新聞の朝刊情報によると、メダルの数は金こそ二個であるが、銀一二個、銅一三個で合計二七個を獲得している。メダルの数では、中国、米国、英国、ロシアに次いで、五番目である。メダルを手にした選手のコメントを聞くと、ほとんどが、支えてくれた、両親、関係者や多くの人への感謝のことばである。

切磋琢磨して世界に挑み、メダリストになっても少しも驕ることなく、心技体が完成さ

れたアスリートである。現地で応援した日本人、選手の郷里の公民館などでの大声援した日本人、家庭でのＴＶ観戦で手に自然と力が入った日本人が感動をもらい、日本が抱える諸問題を乗り切る力をもらったようである。

オリンピック

日本が初めて一〇〇年前に参加した大会は、スウェーデンで開催されたストックホルム大会である。参加選手はわずかに二人で、ひとりは日本マラソンの父と呼ばれた金栗四三(かなぐりしぞう)さんである。同大会のマラソンでは灼熱のためにランナーに死亡者まででたレースで、金栗さんも完走できなかった。沿道の観客の家で介抱されて棄権となった。次の五輪に夢を託したが、世界第一次大戦でオリンピックは中止となった。

ところが、スウェーデンは五輪開催五五周年の記念行事を開催するにあたり、金栗さんに対して「あなたは行方不明のままなので、ゴールしに来てください」と招待状が届いた。七五歳の金栗さんは数十メートルを走りゴールのテープを切った。会場には「ただいま日本の金栗選手がフィニッシュしました。時間は五四年八カ月六日五時間三二分二〇秒三です。これをもって第五回ストックホルム五輪の全日程を終了する」とアナウンスされた。

金栗さんは、オリンピックで走ることはなかったが、選手の育成、走る健康法、女子体育の奨励、女性教師の卵たちに走ることや球技を教えた。正月に行われる「金栗杯」大学対抗戦の箱根駅伝の生みの親でもある。オリンピックに初参加から一〇〇年、金栗先輩に続く若者が頑張っている。

第二次世界大戦は一九四五年八月一五日、日本国の無条件降伏により終結した。一九四九（昭和二四）年の講和独立体制前の一九四八年ロンドン五輪には日本は招待されることはなかった。

出場は出来なかったが日本水泳連盟は、ロンドン五輪と同じ日程で、全日本水上選手権を東京の神宮プールで開催した。「記録」だけでも五輪参加者と戦うことにした。結果は、男子一五〇〇メートル自由形で、古橋広之進（ふるはしひろのしん）が一八分三七秒〇、橋爪四郎（はしづめしろう）が一八分三七秒八であった。ロンドン五輪優勝のジェームズ・マクレーン（米国）は、一九分一八秒五であった。古橋、橋詰の記録は五輪優勝者より大幅に良いものであった。まぼろしの金銀メダルであるが、占領下にあった日本人にたいして、自信や明るさ、それに希望を与える快挙であった。古橋さんは「富士山の飛び魚」と呼ばれ世界で活躍した。

詩経

『詩経（しきょう）』は中国最古の詩歌全集である。後に儒教の経典に取り入れられて『詩経』とよばれるようになった。現存する詩は三〇五編である。孔子も「子曰く、詩三百、一言以てこれをつつめば、思い邪（よこしま）なしというべし」といっている。『詩経』に掲載された詩は、孔子の時代から三〇〇編であったことがわかる。

『詩経』の精神性は純粋性であると説いている。歳を重ねると純粋性を失いがちであるが、人としての価値は純粋性にあるようである。

11 創業は易く守成は難し

この格言は、大唐帝国の二代皇帝・名君の太宗に対して、臣下の魏徴や房玄齢らが提出した「上疏文」一五編からなる『貞観政要』である。唐（六一八年～九〇七年）は、隋の煬帝による大運河工事を起工するや高句麗へ出兵するなどで国民は疲弊し人心は離れて各地で内乱が起こるなか、初代皇帝高祖によって樹立された。

父の高祖を助けて唐帝国を築いた太宗は、大困難の中で国造りした経験があり、「創業と守成のどちらが難しいか」と侍臣に問うている。尚書左僕射（宰相）房玄齢は、「天地草昧にして、群雄競い起こる。攻め破りて乃ち降し、戦い勝ちて乃ち剋つ。此れに由りてこれを言えば、草創を難しとなす」と答えている。

諫議大夫の魏徴は、「帝王の起こるや、必ず衰乱を承け、彼の昏狡を覆し百姓、推すを楽しみ、四海、命に帰す。天授け人与ふ、乃ち難しと為さず。然れども既に得たる後は、志趣驕逸す。百姓は静を欲すれども、徭役休まず。百姓凋残すれども、侈務息まず。国の衰弊は、恒に此れに由りて起こる。斯れを以て言えば、守成は則ち難し」と諫言している。

房玄齢は、「天下を平定統一しようとする時は、群雄割拠している敵を撃破して降参させて、戦いに勝つことにより平定できた。この戦いは命がけである困難があった」と答えた。

魏徴は、「乱れた天下を平定するときには、前代の悪政を正すために立ち上がるため、敵もはっきりしているし、勝利すれば国民からの支持も容易に得られる。それに対して平定後は、君主をはじめ上に立つ人が、傲慢になったり、安逸をもとめたり、欲望を満たすために国民を犠牲にしやすくなる。国民は安逸を望むが、賦役に駆り出され、税金は多くを取られることにより国は衰亡していく。このことにより守成が難しい」と諫めている。

この二人の発言は、それぞれの経験から発せられた言葉で、太宗は十分理解できたようである。しかし、今は天下統一の困難からは抜け出し、次の安定した状態であり、政策としては「守成」を堅持するとして次のように述べている。

「守成の難きは、当に公等とこれを慎むべし」

この話の五年後の貞観一五年に、太宗は再び侍臣に対して、「天下を守ること（守成）

難きや易きや」と問うている。魏徴は「甚だ難し」奏上した。太宗は「賢能に任じ、諫諍を受ければ、則ち可ならん、何ぞ難しと為すと言わん」と「賢くて能力のある人材を登用して、建設的で正論を聞き入れれば善政はできる。何で政治が難しいと言っているのか」と為政者は謙譲たれと言っている。

長寿企業

事業を行っていくうえにはいろんな困難があり、また、社会情勢も変化するので事業を継続していくには並大抵のものではない。しかし、世間の荒波にも負けずに生き延びてきた企業もある。

帝国データバンクの二〇一三年の調査によると、一〇〇年以上の企業が二万六千一四四社あり、そのうちの明治以降の創業が二万三千三八四社である。大半が明治維新以降の創業であるが、三千社弱が明治以前の創業であり、江戸開府(一六〇三年)以前も一四一社ある。最古の企業は、「株式会社金剛組」で五七八年の創業であり、聖徳太子がいた古代国家時代である。

福岡県で古い企業は、福岡市中央区春吉の那珂川（なかがわ）の橋のたもとにある「平助筆復古堂」である。博多には中国から筆の製法が伝えられ、平助筆復古堂河原田五郎兵衛が、その製法を会得し「筑紫筆」として販売したのが最初で一五〇一年とのことである。

家業として同一の業種を続けた企業も多いが、社会の変化などにより業態を変更して生き延びる企業もある。電機メーカーとして世界のソニーが、PC事業から撤退するとのニュースがある。多くの人が、ソニーのPCバイオはデザインや機能性を評価し利用されたことであろう。また、テレビ事業も新興国での販売が伸びず撤退する。ソニーの利益は、ソニー損保、ソニー銀行などの金融で稼いでいる。今後は、オリンパスとの新会社を設立して、医療事業を立ち上げることにしている。

業態を変更することは、脱皮するともいえる。古来、日本では脱皮は大切にされてきた。そのために、脱皮する蛇を神として崇め、脱皮する海老をめでたい海の幸としている。

我が国の病院数は、平成二年に一万九六施設であったが、平成二五年には八千六七〇となった。二〇年間で一五〇〇施設が撤退したことになる。平成二六年度診療報酬改定では、七対一看護病棟に絞り込みが強化されるようである。

仏教では人間は四百四病をもつといわれ、昔は治療技術等も発達していなかったので神頼みであった。四国の八十八か所の各寺の本尊を調べたところ、観世音菩薩が二九寺、薬師如来が二三寺で、大日如来等その他は一桁だった。医療は世の中が必要とする事業だから、運営さえ誤らなければ生き延びていける事業である。そのためには、そこで働く人の協力が大事である。

12 吾、唯、足るを知る

千年の都である京都には、沢山の観光客が国内はもとより、海外からも訪れている。観光の中心は、神社及び仏閣が中心のようである。西大路通りを北へ上りつめて、少し西へ入ったところに金閣寺があり、その隣に石庭で有名な龍安寺がある。

龍安寺は臨済宗妙心寺派の寺で、室町時代に細川勝元が創建した寺院である。白砂に掃け目をつけた石庭には、五か所に一五個の石が配置されている。石庭を眺める寺院の縁側のどの位置から観ても、一個は必ず隠れるように設計されている。

裏にまわると茶室「蔵六庵」があり、その前に「知足の蹲」が竹棹からの清水を受けて、手洗いができるように竹の柄杓が添えてある。蹲は円形で中心は四角に彫りこまれていて、そこに清水か溜まるようになっている。

四角の水貯の周りに字が刻まれている。四角は「口」を表し、口の上に五が刻まれ「吾」となる。右には隹が刻まれ「唯」となる。下には疋の上の横線のないものが刻まれ「足」

となる。左には矢が刻まれ「知」となる。「吾、唯、足るを知る」と読み、この世の金銭欲、名誉欲、や物欲などを放下して、あるがままで茶の道を窮めなさいと、静かに語りかけている。

「足るを知る」ことは、生活していくうえで質素に生きることや簡素に生きることにつながるものである。団塊の世代が続々と年金受給者となってきている。高齢者は多くなり、支える若者は少なく、騎馬戦型から肩車へと進んでいく。高齢者は、社会の重荷になることなく、足ることを知り利他の心を発揮して、健康長寿であることが望まれる。

先の新聞情報によると、天皇様と皇后さまは、薨去(こうきょ)された場合に陵墓(りょうぼ)を造ることなく、火葬を希望され、また葬儀は簡素にするよう希望されたと報じている。大震災の被災地に何度も行幸され、被災者と膝を交えて、お見舞いや復興へ激励された天皇様と皇后さまの国民へのメッセージと受け止めることができる。

国は東日本大震災の痛手から立ち直りに向けて努力しているが、電気を中心としたエネルギーを今後どうするか確かな政策も決定していない。今年の夏は、電気事情が悪くなり、節電が国民に強いられることになると考えられる。国民一人ひとりが「足るを知る」を常に念頭に置き、必要な電力は産業界へまわして、国際競争にも負けない産業界を維持したいものである。

宮澤賢治

東北の偉大な詩人である宮澤賢治（みやざわけんじ）は、詩人としてだけでなく博学多識の人で短い生涯であったが、アイディアマンでいろんなことをしている。

福島から東京に出て、屋台の焼鳥屋をはじめた草野心平（くさのしんぺい）にあてた手紙に、「隣人は或いは五銭で、つかれた筋肉や神経を癒すでしょうか、それは工夫のしよで、もっとうまく有効に、もっとやすくできないでしょうか。よき電気ブドウ酒ありとせば、私こそ上手に合成いたし得るです。黒豆の煮汁と酒石酸及びクエン酸、砂糖及び蜂蜜の適量、葡萄エステル。この混合物は本物の葡萄酒と同じく疲労を去り、栄養を加えるでしょう」と書き、明治の文明開化の象徴の電気を使い、「電気ブドウ酒」を考えた。

賢治の童話に「セロ弾きのゴーシュ」があるが、彼自身も音楽に興味をもち、三〇歳のときにチェロを始めている。父にあてた手紙によると、「毎日図書館に午後二時頃まで居て、それから神田へ帰ってタイピスト学校、数寄屋橋側の交響楽協会へまわって教わり、午後五時に丸ビルの中の旭光社という事務所で工学士の先生からエスペラントを教わり、夜は帰ってきて、次の日の分をおさらいします。一時間も無効にしていません」とある。賢治が愛用したチェロは、当時一七〇円（現在であれば三〇数万円）のもので、記念館に保存されている。

賢治の宝石に関する知識は豊富で作品の中に出てくる以上であり、本気で人造宝石を事業化しようとしていた。事業化するには資金が必要となるので、父親に事業計画書をおくり資金援助を依頼している。事業計画書には、「飾石宝石改造（黄水晶を黒水晶より造る。瑪瑙に縞をいれる。真珠の光を失えるを発せしむ。下等琥珀を良品に変す等）」の件がある。

賢治は浮世絵のコレクターであった。浮世絵について、「なつかしい伝統日本、江戸錦絵のおもかげ」と言っている。東北地方で錦絵を蒐集し、初代広重の東海道の宿、北斎の赤富士、など千枚を超していた。絵にたいする興味は浮世絵だけでなく、教師を辞した後に丸善で複製画を五七枚求めて、農学校へ寄付をしている。

当時の娯楽の代表である活動写真にも興味があり、チャップリンや坂妻の映画など一日に四館の映画見物をしたとのことである。音楽も楽しんだようでレコードも沢山保有していて、レコードコンサートも開催している。当時、レコードを聴くにはレコード針が必要であったが、竹製の針を使っていたが、竹製の針は一度使えば先端を専用のカッターで削る必要があった。賢治は減らない竹製の針を考案し、米国ビクターへ製法を伝えている。

このような賢治であったが、死を迎える二年まえには、有名な「雨ニモマケズ」の詩で

……欲ハナク　決シテ瞋ラズ　イツモシズカニワラッテイル　一日ニ玄米四合ト　味噌ト少シノ野菜ヲタベ　アラユルコトヲ　ジブンヲカンジョウニ　入レズニ　……

と呻吟している。まさに、足るを知って、人生を達観したものである。

13 樽俎折衝

中国春秋時代の話であるから、今から二千六百年前のことである。当時は周王朝の政治に翳りが見え始め各諸侯が力をつけた時期である。大きな国だけで一二をかぞえ、小さな国は百余あった。各国の思惑が交差するなか、国内にあっては舵取りをしっかりとし、からみあった諸国との外交に手腕を発揮した斉国の宰相である晏嬰（晏子）の話で、出典は『晏子春秋』である。

斉国の荘公は、家臣の崔杼から殺されるという事件があった。荘公は無道であって、崔杼の妻と通じたので、正義のために討ったとある。事件の真実はわからないが、荘公が殺されたのは事実であった。

荘公の後をついで弟の景公が即位したが、宮廷内の実権は崔杼と慶封が牛耳っていた。廷臣はみな崔杼と慶封に忠誠を示したが、晏子だけはただひとり従わなかった。晏子は霊公と荘公の二代に仕え、人望も大いにあった。崔杼と慶封からの盟約の強制に対して、天をあおいで嘆いて「君に忠であり、国に利となるものになら従いまする」と拒否をした。慶封は晏子を殺そうとしたが、崔杼に止められ実行しなかった。

その後、崔杼と慶封の政治手腕に対する批判が起こり、内紛となり崔杼は殺され、慶封は呉の国へ逃れた。晏子は相国となり、国政をあずかることになった。国内においては、こみいった派閥の騒ぎを鎮め、外にたいしては各国の国益が複雑にいりくんでいるなかに、斉の地位の安定に心をくだいた。

晏子個人は、その人なりは穏やかで、暮らし向きは質素で、同じ狐裘（狐の毛皮でつくった皮ごろも）を三〇年も着ていた。景公が広い土地を下賜しようとしたら、「欲たりれば、亡びる日が近こうございます」といって辞退した。

外交においては、遠来の国賓や使節にたいして、酒ダルをおき、いけにえの動物（俎）を宴席にならべ、談笑し敵の鋭鋒をたくみにかわしながら、自国が有利になるように決めてしまう。『晏子春秋』では、「樽俎の間をいでずして、千里の外に折衝するとは、それ晏子の謂なり」と称賛している。

酒席でなごやかな外交交渉を行い、有利にことを結ぶことを「樽俎折衝」というのはここからでている。

世界は通信手段の発達、交通手段の進展、多くの人々の国際化、各国の複雑な思惑の中での外交の舵取りは困難とおもわれるが、国政の最重要は「外交」と「防衛」である。そのために米国は外交を担当する大臣は「外務大臣」でなく「国務長官」である。

クールジャパン

政府は日本文化を世界に発信するために、「クールジャパン」戦略を進めている。日本文化は「わび」や「さび」で象徴されるように、ハデさはないが奥深いものがある。食については、主な料理として、フランス料理、中華料理そして和食があるが、フランス料理は手を加えて調理するようである。中華料理は火を強く加えるので食中毒はない、和食は素材を大事にする料理で、刺身はその最たるものである。日本の食文化は世界に発信されていて、健康に良い食であるとか、醤油（soysauce）については「キッコーマン」の名称で、米国では市民権をえていて、日本酒の輸出も大幅に伸びている。

フランスのオランド大統領が来日されて、安倍首相は首相官邸で昼食会を開催した。首相は「東西の食の大国が、双方の食文化を発信しましょう」と挨拶して始められた。

シェフは、京都の老舗料亭「菊乃井」の村田吉弘氏やフランス料理第一人者の三国清三師らが活躍した。料理は、仏産牛と神戸牛の西京漬けローストや、首相の地元・山口県産のマナガツオを大統領の出身地のノルマンディ地方の調理方法で調理されて提供された。

安倍首相のホスピタリティに対して、大統領は「こんな素晴らしい料理をごちそうになって、首相がエリゼ宮（大統領府）に来たら、どういう料理をだすか今から検討したい」と料理に満足をしめしお礼を述べている。

文化の違い

筆者はヨーロッパには行ったことはないが、TVなどを視ていると家屋の玄関のドアはヨーロッパでは内側にあけるが、日本では外側に開いている。内側に開けることは、お客を招き入れることを強調していると勝手に考えている。

料理の調理では、ヨーロッパではナイフで食材を切断し鍋のなかに落とし込んでいるのを目にする。日本では必ず「まな板」をつかって切断する。日本にお嫁に来たポーランド人で時々山登りに同行する人に尋ねたら、西洋にも「まな板」はあるとのことであった。

大使館の調理人

世界各国にある大使、総領事の公邸では、天皇誕生日のレセプションが開かれている。その日の宴席に提供されるのが日本料理である。日本料理は大人気で大勢の招待者が詰めかけるそうである。公邸に招かれた政府要人、知識人、芸術家など、美味しい料理がでる公邸には、日頃はめったに来ない人も詰めかけるとのことである。この宴席で貴重な情報を得ることも多いようである。日本料理を支えているのが、日本から帯同する公邸料理人である。この制度をとっているのは日本だけで、韓国も採用し始めている。人間同士が親しくなるには、「寝食を共にする」が最高である。「食」を武器に世界平和への貢献が期待される。

14 断腸

日本相撲協会は、八百長事件を受けて二月六日に臨時理事会を開き、大阪で開催予定の春場所を中止することを記者団に発表した。放駒理事長は、今回の決定について、「断腸（だんちょう）の思い」と発言し無念さを表した。

「断腸」とは、中国三世紀末の晋（しん）時代の故事である。武将の桓温（かんおん）が長江中流域の三峡を舟で移動中に家来が猿の子供を捕え舟に乗せた。母猿は愛しい子供奪われたので、悲しい声を発しながら川岸をどこまでも追っていった。舟が岸近くを通るのを幸いに、母猿は舟に跳び乗った。しかし、母猿は気力・体力は限界に達していて悶死した。母猿のお腹を割いてみると、腸はズタズタになっていた。

この故事より、「腸がちぎれるほどに悲しいこと、悲しみに耐えられないこと」として使用される。

今回の不祥事は、相撲の起源が神事に始まったことを考えると、非常に残念であった。

本来の為すべきことを為さず、安きに流れたようである。稚拙な川柳を一句「大相撲　足腰よりも　指そうさ」。

「断腸」の言葉から、日本語で身体の部位や器官を使って表現する言葉を、上の方から拾ってみた。

・怒髪・頭が痛い・頭上・見目麗しい・眉をくもらす・眉唾もの・目は口ほどにモノを言う・目に入れても痛くない・目がテンになる・目線に合う・鼻が高い・鼻息が荒い・鼻白む・耳が遠い・耳に栓をする・口やかましい・口にあう・口下手・唇が寒い・口角泡を飛ばす・舌がよい・顎を出す・顎を上げる・首にする・首ったけ・顔色なし・頬を染める・肩肘をはる・肩入れをする・背を向ける・心臓に毛が生えた・胸に手を当てる・片腹が痛い・腹芸・腹鼓・臍をかむ・太っ腹・腹が減る・肝心要・腸が煮えくる・胃が痛む・腰砕け・柳腰・尻に敷かれる・腕によりをかける・腕自慢・腕試し・腕が萎える・手遅れ・手品・手習い・手を打つ・手をきる・揉み手をする・指折り数えて・足しげく・御足がたり

ない・俊足・隔靴掻痒

このように身体の部位等を利用した表現は、恐らく表音文字の欧米には少ないと考えられる。表意文字の漢字を使用する日本ならではと思われる。このことは人が人間を深く観察し、人間通の日本人が多数いたことである。

八百長

八百長が生じることには、勝つことにより名誉を維持することもあると思うが、やはり経済的なものが大きいと考えられる。力士の月給は次のとおりである。

横綱が二八二万円、大関が二三四万円、三役が一六九万三千円、幕内が一三〇万九千円、十両が一〇三万六千円である。幕下の給与は無い。

待遇面では、関取（十両以上）は絹のまわし、髪は大銀杏（おおいちょう）を結うこと事が出来、相撲部屋では個室が与えられる。幕下以下は、黒の木綿のまわし、髪はちょんまげ、ちゃんこ鍋の当番や雑用をこなし、個室はなくて大部屋での生活である。

新番付は、本場所が終了して三日目（水曜日）の番付編成会議で決定される。原則として、幕内と十両は一つ勝ち越せば一つ上がり、一つ負け越すと一つ下がることになる。大関については、二場所連続して負け越した場合に関脇に下げられる。横綱は負け越しても番付が下がらない特権がある。しかし、横綱であれば、一〇勝を下回れば引退を考えるべきであろう。

相撲の八百長について犯罪となるか疑問が生じるが、とくに取り締まる法律が無いため犯罪とはならない。競馬、競輪、競艇、サッカーJリーグで八百長をすると、法律で犯罪となるよう定められている。これは公営ギャンブルとして賭けが認められている競技であり、公平性を確保するため、それぞれの法律で罰則の規定がある。

「八百長」とは、勝負の世界で、対戦相手に事前に話をつけて、わざと負けることである。語源は、明治時代に八百屋の長兵衛（ちょうべえ）という商人が、取引先の大相撲の伊勢の海を相手として囲碁をよく打っていた。大量に野菜を買ってもらう伊勢の海に対して、売上の打算を考えてわざと負けていた。

両国の回向院（えこういん）では、江戸の中期頃から境内で明治四二年の旧国技館が出来るまで勧進相撲が開催されていた。この回向院で碁会が開催され、本因坊秀元（ほんいんぼうしゅうげん）が八百屋の長兵衛と戦ったところ、勝負は互角であった。そのために、長兵衛がわざと負けていたことが表になり、「八百長」と言うようになった。

今回の相撲八百長と碁会が開催されたお寺が回向院であったことは何か因縁めいたものがあるように考える。

15 治に居て乱を忘れず（居治而不忘乱）

我が国は、アジア太平洋戦争終戦から来年は七〇周年を迎える。明治維新の日本は「富国強兵」を国是として獅子奮迅した。一八九五年、日清戦争で勝利し、「眠れる獅子」を倒した。一九〇五年、日露戦争に辛勝し北からの脅威を取り除いた。一九一四年、第一次世界大戦へ参戦し中国に対する利権、ドイツ領の南洋諸島の確保、大戦景気を経て一等国となった。一九三一年、九月一八日日本の関東軍は柳条湖（りゅうじょうこ）の鉄道線路に爆薬をしかけ、張学良軍の仕業として満州を武力制圧した。一九三七年、盧溝橋（ろこうきょう）事件はシナ事変へと日中戦争は拡大した。一九四一年一二月八日には米英オランダと開戦し、「欲しがりません、勝つまでは」のスローガンを掲げ国家総動員体制で戦った。一九世紀末から二〇世紀前半は戦争の時代であった。

終戦後は、平和憲法の下に、「軽軍備、経済重視」で経済的発展を遂げてきた。日米安全保障条約や自衛隊の「専守防衛」により平和は保たれている。国際的に眺めてみると、各地で紛争は絶えない。平和ボケにならないように常に国家の安全は考える必要がある。
儒教の経典である『易経』繋辞下伝では、「危うしとする者は、其の位を安んずる者なり。亡びんとする者は、其の存をたもつ者なり。乱れんとする者は、其の治をたもつ者なり。是の故に君子安くして危うきを忘れず。存して亡を忘れず。治に居て乱を忘れず、ここを以て、身安くして国家を保つべきなり」とある。外国との関係も良好であり、内政も安定しているからと安心していると、大変なことになる可能性がある。「備えあれば憂え無し」の言葉もある。最悪の事態を想定しておく必要がある。

第四師団創立六〇周年

一九五〇年に米ソ対立の中で朝鮮戦争が勃発した。我が国は、自衛隊の前身の警察予備隊を発足させた。その後保安隊を経てから自衛隊となった。北部九州の陸の守りは、西部方面隊（Japan Grounds Self—Defence Force）の第四師団が防衛警備と災害派遣の任務についている。久留米に駐屯する「第四特科連隊」や「第四高射特科大隊」も第四師団の所属である。

五月二五日に春日市の駐屯地で創立六〇周年の記念式典があった。小川福岡県知事をはじめとする多くの来賓、そして約千三〇〇人が訪れた。観閲式では各部隊隊員八〇〇名、車両一六〇輌による行進、圧巻は戦車六輌による行進であった。目達原駐屯地のヘリコプター二機が空から参加した。展示品では「屋外手術システム」で、移動した車のなかで、「開腹術、開胸術、開頭術」が一日一〇人から一五人が出来るとのことである。西部方面隊には自衛隊病院があるが、ここでは准看護師の養成も行われている。

英国海軍

我が国の海の守りは「専守防衛」のため、遠くへ出かけて戦闘機や爆撃機を飛ばす航空母艦は所持していない。英国海軍は今年七月四日に、英国史上最大の軍艦となる空母「クイーン・エリザベス」の命名式が行われるそうである。その後二隻目の空母となる「プリンス・オブ・ウェールズ」の建造も進められているそうである。英国は南米大陸の南の先にフォークランド諸島を所持しているので、外国からの侵攻があった場合に対処するためのものと考えられる。正に「治に居て乱を忘れず」である。

16 塗炭の苦しみ

塗炭の苦しみとは、泥水にまみれ、炭火で焼かれるような苦しみである。ひどい難儀のときにもちいられる。出典は中国儒学の聖典である四書五経のなかの『書経』の「湯誓編」にある。

中国の古代国家の「夏」の桀王は、妖艶な傾城の妹喜を溺愛し、「酒池肉林」の淫楽の日々を送り国政をおろそかにしていた。この夏の虐政に対して、反旗を翻したのが、後の殷の初代国王になる「湯」である。湯は兵を挙げて、鳴条山の戦いで桀王の大軍を撃破し、桀王に代わって天子となり、殷国を建設した。

湯王は出師にあたり、領地の亳で領民を前にして、出陣の誓約を次のように宣誓した。

「来たれ、なんじらもろもろよ、ことごとく我が決意を聞け、我は敢えて乱を求めるのにあらず、夏の罪は多くして、天命がこれを討たしめるものなり」

桀王を破り大勝して亳に凱旋して、湯王は再び諸侯に対して、桀王の無道について糾弾している。

「夏王、徳を滅ぼし、暴威を逞しくして、なんじら万邦の百姓(ひやくせい)は、その凶害を蒙り、荼毒(とどく)の苦しみに耐えず、無辜の苦しみを上下の神祇に告ぐ。天道はつねに善に福(さいわ)いし、淫に禍す。天は災いを夏に降し、もってその罪を彰かにせり。」と言葉はげしく桀王の罪をならし、天命が夏を去り、殷に下ったことの正当性を訴えた。

桀王の暴政について、同じ『書経』の「仲虺之誥」では、「有夏昏徳として、民塗炭に墮つ」といっている。夏の桀王の不徳と悪逆の政治による民の受けた受難を「民塗炭に墮つ」と簡単に述べている。この言葉が「塗炭の苦しみ」として現在まで使われている。

戦中・戦後の塗炭の苦しみ

昭和六年九月一八日、中国の南満州鉄道の警備を担当していた帝国陸軍の関東軍は、柳条湖で鉄道を爆破し、爆破したのは張学良軍の仕業として満州を制圧した。その後、上海事変、日本の傀儡国家の満州国の建国、そして国際連盟を脱退し国際社会で孤立化していった。

昭和一二年七月七日には北京の近郊にあるマルコポーロが世界一美しい橋と評価していた盧溝橋で訓練していた日本軍と中国軍が衝突し、日中戦争へ突入していった。アメリカ(A)、イギリス(B)、中国(C)、オランダ(D)のABCD包囲網を受けて国内経済は打撃を受けて物資が不足し、また軍需物資を優先する国家総動員体制の政策で国民生活で使われる金属製品、革、布そしてゴムなど様々な物資や資源が戦争にまわされた。

生活で必要なガスコンロやアイロンは陶製、竹で作られたランドセル、そして洋服は化学繊維で作られた「スフ」のまじった粗末なものだった。男子の国民の服として「国民服」が制定され、現在もっている服が傷んで新調するときは「国民服」にするよう指導された。国民服は茶褐色で、資源を節約するため、国民服を着用するときは、チョッキ、ネクタイ、そしてワイシャツは用いず、その代わりに中衣というものが使われた。儀礼の際にも国民服を着用するように、上着の一番上のボタンのところから右胸に房を垂らして儀礼国民服としていた。男性が国民服儀礼章をつけた国民服を着て右手に扇子をもって立ち、右側に和服の女性が椅子に腰かけている結婚式の写真が残っている。

食料不足は年々深刻になっていった。農村の男性の働き手は兵士として出征し人手不足となり、米の生産量そして魚の漁獲量が低下し、食料が不足した。配給制度で、配給されたものは麦、サツマイモ、ジャガイモが「代用食」として配給された。米を倹約した豆や野菜の入ったご飯、おかゆ、雑炊、すいとんなどの食事が当たりまえとなった。

肉や野菜の代わりにイナゴ、サナギ、カボチャの種、サツマイモのつるまで食べていた。少ない食糧を増産するため、家の庭、学校のグラウンド、公園、河原の空き地を畑にして野菜づくりをしていた。国会議事堂の前庭も食糧を確保するため、耕作地として活用していた。

当時の消費生活は「欲しがりません勝つまでは」が国民の合言葉で、購買するものは最低限であった。また、労働については、家庭にあっては家事労働は当然のこと食糧の生産のための労働、学生は勤労動員として軍需工場で働き、国民全員がつらい労働が毎日続き「月月火水木金金」といわれ「土日」の無い生活を強いられ「塗炭の苦しみ」であった。

医薬の発見・神農

中国の神話の皇帝で炎帝（神農）と黄帝は戦い、炎帝は破れたが人民の生活のために必要な発明や発見をしたといわれている。鋤をつくり耕作法を示し、琴をつくって音楽の楽しみを教え、市をひらいて物の交換を教えた。

発見としては、赤い鞭で百草をたたき、自分の舌で草をなめて医薬を発見した。草のなかには毒性のあるものも数多くあったと思われる。「塗炭の苦しみ」をしながら作業であったと思われる。「神農も　はじめはうずに　目をまわし」の川柳がある。「うず」とは毒草の一種である。

17 登龍門

平成二四年は、干支では「壬辰（みずのえたつ）」の歳である。つまり辰歳であり、辰は龍に通じるので、また「龍」の歳である。龍は架空の動物で吉祥を表す神獣である。龍のことばを使った「登龍門」、「龍頭蛇尾」及び「画龍点睛」などの熟語がいくつかある。登龍門の故事は、中国の『後漢書、李庸伝』にでてくる。『後漢書』といえば、我が国が初めて文献に登場したのが、『後漢書、東夷伝』である。我が国はまさに中国からみれば文化的に東方の夷（野蛮な）の国であったろう。東夷伝のなかには、「倭奴国王が後漢に使いして、光武帝の印綬を受く」とあり、部族国家が乱立した弥生文化の時代である。

龍門は、黄河の上流の急流にある。登龍門については、「庸ひとり風采を持し声名をもって自ずから高し、士にその容接を被る者あれば、名づけて登龍門となす。」「三秦記に曰く、河神、一名龍門水険にして通ぜず。魚鼈の属よく上るなし。江海の大魚龍門の下にせまり集まるもの数千、上るを得ず。上ればすなわち龍となる」と記されている。

後段の『三秦記』を解釈すると、龍門は水が険しく、魚やスッポンが上流へ上る事が出来ず、黄河や海から上ってくる魚が龍門の下に集まるが上ることができなかった。たまたま上った魚は龍となった、とある。前段の庸は李庸のことで、品格の優れた人で、この人に近づき交際した人を登龍門といったとある。

このことから、登龍門は「人の出世のたとえ」、「また名士に謁して自分の名声を高めるたとえ」、「立身出世する場所。栄達の関門」、「最近は有望な大学へ入学するとき」などに使われる。

志

人はだれでも「龍」になれると私は思っている。ただ、龍の大きさや偉さには差があるかもしれないが、志をもって努力すれば、大臣龍、弁護士龍、医師龍、看護師龍、などの龍になれる。

「志」とは、「自分はこうありたい、自分はこうあらねばならぬ」という念願である。志を二つに分ければ、(一) 事上の立志で、自分はこういうことをしたいという念願(医師になって地域医療に貢献したい）、（二）身上の立志で、自分はこういう人間になりたいという念願（私心のない西郷隆盛のような人に少しでも近づきたい、そのためにはどこを改めるべきかを常に考える）がある。

（一）を達成するためには、（二）が伴わないとだめであり、（二）が真に完成されればおのずから（一）も達成するであろう。志を達成する方法としては、専門の学問、人間学を進めることである。学問を進める原動力になるものとして、私は「憤」と「恥」を意識することであると考えている。「憤」とは、感情が強烈に発する状態である。世間では、この字を他人に対して使うことが多い、「憤慨する」や「鬱憤をはらす」といっているが、自己にたいしても使うべきである「発憤」という言葉がある。

孔子は『論語』で「憤を発して食を忘る」と、つまり、学問を進めるに勉強を始めたら、食事をとるのも忘れるぐらい頑張りなさい、と訓えている。佐賀県多久（たく）市の多久聖廟の境内で最初に出会うのが「発憤忘食」の石碑である。

最近、「恥ずかしい」といえば、容姿上のことで他のひとから見られたら恥ずかしいとか、衣服の流行おくれで恥ずかしいなどということが多いようであるが、真の恥ずかしさとは、その人の教養のなさや品格のなさを恥じることである。

我々が、人間としてどんな人物になるかという志をもっていれば、自分より上の立派な人物をみれば、その人に比べて己を顧みて「恥」を感ずるものである。あの人はあんなに頑張っている、我はなんのざまだ、と「恥」を意識して努力すれば志は成就するものである。恥を感じなくなったら人間として、もうおしまいである。

龍・玄・白

中国を中心とした文化では、五行思想に基づいて東西南北のそれぞれの方位について、色、季節それに動物があてられている。

色は、東は「青」、西は「白」、南は「紅」で北は「黒（玄）」である。季節は、東は「春」、西は「秋」、南は「夏」それに北は「冬」である。動物は、東は「龍」、西は「虎」、南は「朱雀」そして冬は「亀」である。

ここに出てきた、色、季節および動物からいろんな言葉があるので少し述べてみる。

若くて活動的な時期を我々は「青春」といっている、まさに、人生これからで春であり、登龍門を上る気概をもった時期である。暗い雲に覆われがちな冬は「玄武」といっている。「玄」は黒の意味であり「くろ」と読み、「玄人」と書けば「くろうと」と読む、「素人（しろうと）」に対する玄人である。秋の色は白で、柳川の大詩人の北原白秋は秋が好きだったのではないだろうか。

北原白秋といえば、「この道は」の歌がある。この歌の二番の歌詞に「この道はいつか来た道、ああ、そうだよ、おかあさんと馬車でいった……」がある。ここに出てくる「この道は」、柳川から瀬高へいき南関へと続く道である。白秋のお母さんの実家は南関町にあり、石井家の娘として北原家へ嫁いだのである。

18 杯盤狼籍

杯盤狼籍（はいばんろうぜき）とは酒をともなった宴会がお開きになり、宴会場にいろいろな器物や座席が乱れている様をいう。杯盤とは杯や皿のことであり、狼藉とはとり乱れ散らかっていることである。

この話は『史記』の「滑稽列伝」にあり、中国の戦国時代斉国の人で、滑稽で多弁であり酒豪の淳于髡（じゅんうこん）の物語が出典である。

斉の国が楚に攻められたので、趙に援軍を依頼することになった。斉の威王は髡を使者にたてて趙へ赴かせた。髡は持ち前の弁舌で趙より一〇万の兵を借り受けることに成功した。そのために楚は、斉への攻撃を断念せざるを得なくなり撤退した。

斉の後宮では祝宴が最高潮である。斉王は功労者である髡に尋ねた。「先生はどのくらい飲むと酔いますか」。「私は一斗（日本の一升）を飲んでも酔いますし、一石（日本の一斗）飲んでも酔います」。謎のすきな斉王に向かって謎めいた答えをしたので、さっそく斉王は尋ねた。「一斗を飲んで酔う人が、なんで一石を飲めるのだ、ぜひ理由を聞きたい」。髡はもったいぶって、やおら話はじめた。「まず大王よりお酒を下賜されまして、私の横に検察官がいて、後ろには裁判官がいれるとすれば、私は恐れ謹んで頂くことになり、一斗も飲まないで酔ってしまいます。いかめしいお客を相手に飲むときは、身なりを正して飲み、杯を捧げて飲みますので二斗も飲まないで酔います。久しく会わない友人と突然あって歓談しながらの酒であれば五、六斗で酔いましょう」。「もし村里の懇親会で男女いりまぜての宴会であれば、六博（すごろくのようなもの）や投壺（壺のなかに矢をなげいれる）をして遊びながら、女性の手をにぎり、耳環や簪が私のまわりに落ちているようであれば、私はうれしくて八斗の酒で酔うことでしょう。さらに夕暮れとなり、酒宴が最高潮となり、酒樽はかたづけられ、男女は膝を寄せ合い、履物は乱れ、杯盤狼籍となり、家中の灯りが消えて、主人が他の客を帰し、私のそばで薄ものの襦袢の襟が解けて、ほのかに色っぽい香りがするようであれば、私は有頂天になり一石の酒を飲むことでしょう」と語った。

「酒が極まると乱れ、楽しみが極まると悲しくなると言われていますが、何事にも極まってはいけません。極まると国が滅びます」。と酒と女好きの斉王を諫めた。このことがあってからは、斉王は徹夜の宴会をやめて、宴席には必ず髡を同席させて自制した。

すぐれた「人生の書」として政治家や実業家から愛読された『菜根譚』がある。東急グループを大きくした「事業の鬼」の五島慶太は『ポケット菜根譚』を常に持ち歩いていた。『菜根譚』のなかに「花は半開を看、酒は微酔に飲む」とある、酒は程々がいいようである。

斗酒なお辞せず

たとえ一斗の酒を出されても辞退することなく飲むことで、大酒のみを意味する。

日本画の巨匠の横山大観(よこやまたいかん)は酒豪で、広島の酒の「酔心」を愛した。大観にとって「酔心」は食事の主食で、ごはんは朝食のときに軽く一膳でカロリーは酒でとった。「酔心山根本店」で何時も「酔心」求めている上品なご婦人を社長の山根薫がどちらのご婦人かと、社員に尋ねると、横山大観夫人であった。社長は横山大観宅へ赴き、「酒造りの話」した。これを聞いた大観は「酒づくりも、絵をかくのも芸術だ」と言ったと云われている。この邂逅により、山根は大観へ一生酒を届けると約束した。大観は返礼として一年に一枚の絵を届けた。献酒は大観が永眠する昭和三三年まで続けられた。

大観が亡くなる二年前に危篤状態になり、薬も水も受け付けなかったが、酒を勧めると喉をとおした。その後は果物の汁や、吸い物をとった、とのことである。まさに、「斗酒なお辞せず」の大画家であった。

酒に対しての世界の流れ

世界保健機構（WHO）は、アルコールによる健康被害を減らす取り組みをしている。これは心臓病、がん、それに糖尿病による死者を二〇二五年までに二五％減らす運動の一環である。喫煙や塩分の取りすぎの問題とともにアルコールについても削減目標が論議されていたが、事務局からは一律に一〇％削減が打ち出された。

日本では酒税が国税の大事な財源であるため、当初案の修正を強力に働きかけた。最終的には「アルコールの有害な使用を各国の実情に合わせて」という文言を原案に付加することになった。

各国の事情であるが、WHOの「アルコールと健康にかんする世界の現状二〇一一」によると、飲酒の一人当たりのアルコールの年間消費量は、日本九・八五リットル、中国一〇・六一リットル、米国一四・四三リットル、ドイツ一三・三九リットル、ウォッカの大量飲酒で早死にすることが問題になっているロシアは二六・七一リットルである。

私事であるが、ヴェトナムを観光旅行した折に、夜の会食で酒を注文すると、ハノイビールとワインのみのレストランが殆どであった。日頃はビールそれに日本酒、焼酎、ウイスキーの私にとって選択肢が少なく味気ない食事となった。ワインが中心であることは、かつてフランスが植民地としていたことの名残であると思われた。

19 百聞は一見に如かず

この格言は多くの人が耳にしているものである。いろんな情報を入手するが、その情報が必ずしも正しいものでない場合が多々ある。自らの目で確認すれば間違った情報であったことが判る。特に現場に報告を求めたときなど、人間の弱いところで現場はどうしても自分の都合のよいように報告するようである。現場に出かけてみると、報告と違ったものを見出すことがある。

世界のトヨタが今日のように成長したものの一つに、「現場主義」があり、現場を見分し、常に「カイゼン」を怠らなかったところにある。

この格言の出所は、中国漢の宣帝時代（紀元六一年）、黄河源流あたりに住むチベット系遊牧民の羌族（きょう）が叛乱したときの話である。この反乱の前段として、羌の一種族である先零（せんれい）は、湟水川（こうすい）の北まで遊牧することが認められていた。かれらは家畜が草を求めるままに、川の南岸まで至った。これを見た漢の将軍が国境を乱すものとして、先零族の主だった者千余人を殺した。怒った先零族は、他の羌とともに漢軍を攻めたてた。その勢いは激しく漢軍は大敗を喫することになった。このとき宣帝は、御夫大夫の丙吉を現地の後将軍趙充国（ちょうじゅうこく）に遣わし、誰を討伐軍の将にしたらよいか尋ねさせた。

このとき趙充国の齢は、七十を超えていたが、若い時から対匈奴戦に従軍していた。武帝のとき、李広利将軍の配下として遠征したが、匈奴の勢いは強く、全軍が包囲され、食糧も乏しく、多数の死傷者を出した。このとき趙充国は兵百余名を率いて突進し、身に二十余の傷を受けながらも、ついに囲みを破って活路を見出し全軍を救った。武帝はその傷をみておどろき、車騎将軍に任じた。このことから、彼は対匈奴、対羌の矢面に立たされた。確かに、下問をうける人物として的確な将軍であった。

宣帝は、「将軍が羌を討つとすれば、どんな計略を用いるか、また、どれほどの兵が必要か」と下問した。将軍は、「百回聞くより、一度見る方ほうがよくわかります。およそ軍のことは実地を見ずに遠くからは計りがたいもの。それゆえ、願わくば金城郡に赴き、図面をひいて方策をたてまつりたいと存じます」と答えた。宣帝は笑って、「よろしい」と答えた。

趙充国は金城に着任し、こまかく情勢を分析し、屯田を上策とすることを上申した。騎兵をやめて、歩兵一万余人だけを残し、これを各地に分遣して平時には耕作をさせた。趙充国は、ほぼ一年その地にとどまり、ついには姜族の反乱を鎮めた。

ソウルReport

九月の終わりから一〇月の頭にかけて、世界文化遺産（World Heritage）を中心とする見学ツアーに参加し、三泊四日でソウルへ出かけた。両班の家とその一族が生活していた集落の「外岩里民族村」、日本には無い城壁で囲まれた「水原城」、李氏朝鮮王朝の中宗と成宗が眠る陵墓の「靖陵」と「宣陵」、歴代の王を祀っている「宗廟」を訪れた。

この四日間で乳幼児や小中学生くらいの子供を見ることは皆無といっていいほどであった。厳密にいえば、米軍のソウル基地の近くで米国人の学生四人とロッテビル内で乳児を見ただけである。韓国（South Korea）は、日本より出生率は低く一・一位のようである。

ソウルの交通事情であるが、車社会で片側四車線～五車線と広い道路であるが渋滞することが多い。それは鉄道が少ないためと考えた。地下鉄はかなり整備されているが、地上を走る鉄道が非常に少なく、この四日間で地上を走る鉄道を目にすることはなかった。東京では、ＪＲそれに東武、西武、東急、京王、小田急、京成、京浜など私鉄がほとんど高架を走っている。ソウル市街の真ん中に漢江が流れているが、これを利用して水上バスを走らせたら渋滞緩和になるのではと考えた。

ロッテの免税店は二店あるが、古い方のビルのエレベーターは日本の三菱電機製であった。新しい方のビルは韓国の電機会社製であり、韓国の工業の発展また経済の発展が実感できた。免税店では従業員が「中国語ＯＫです」とタスキをかけていて、案内板の文字は「英語と中国語」であり商売あいては中国ですよとメッセージしていた。

街を歩くと、舗道の整備は今一つで、地下鉄乗り口へのエレベターーの設置もなく、トイレも障害者用は見当たらなく、街中を車椅子で移動している人も見なかった。障害者を含めた韓国国民の豊かさを実現するにはこれからのようである。

今は韓国国内の情報は日本に詳細に伝えられている。韓国の大統領選挙をみていると、どうも西暦六六〇年前後の新羅による百済との戦いが今も続いていると感じていた。大統領選挙における、韓半島の東側と西側の得票がそれを示している。このことを、現地のガイドに質してみると「そのとおりです」との回答であった。

一衣帯水の韓国である。韓国を勉強して、韓国文化を理解し、交流を深めなければならないと感じた「一見」の旅でした。

20 病膏肓に入る

膏肓とは、人体の最も奥深いところで、膏は心臓の下のうすい骨で、肓はそのすぐ下で横隔膜である。病気が手のつけられないところに入る、という言葉の意味である。そのために、病気が非常に重くなって治癒の見込みがないときに使われる。

この話は中国の紀元前六世紀にさかのぼる春秋時代の強国である晋の国の王様が病気になったときである。国王の景公が夢をの中で幽鬼が現れ、「わしの子孫をよくも殺したな」と叫び、宮殿の表門そして中門を打ち破り押し入ってきた。ちぢみあがった景公は居間に逃げ込んだが、そこの戸も叩き破った、その時に目が覚めた。

景公は巫師を呼び出し、「この夢からこれからを占え」と命じた。「今年とれる新麦を召し上がらぬうちに、お命はなくなります」と巫師は答えた。景公は病気になり、日に日に悪化していった。西となりの秦の国に医師を要請したところ、秦は名医の高緩をよこすと回答してきた。

高緩が到着する前に、また夢をみた。病気さんが二人の子供となって相談している。「高緩は名医である。今度は我々がやられるぞ。どこかへ逃げよう」

「心臓の下、横隔膜の上へ逃げ込めば、医師の手は届かずどうにもならなくなるさ」

医師の高緩がきて、診察して説明した。「病気はなおすことができませぬ、病気は心臓の下、横隔膜の上に入っているので、鍼も届かず、薬も通じません。なんともしようがありません」。景公は「なるほど名医だ」夢のとおりの診断で感心し、礼物を持たせて帰した。

やがて麦刈りの季節となり、景公は「新麦を食べる」と言いだした。公田から新麦が献上され、料理番が麦飯をつくった。すると景公は巫師を呼びつけ、「麦飯が食えるではないか」といって殺してしまった。そして、いざ食べようとすると、おなかが張り出してきたので、カワヤ（トイレ）へいくと、落ちて死んでしまった。

ターミナル医療考

平成二五年一月二一日社会保障制度改革国民会議で、しめくくりの発言をした麻生副総理兼財務相は「チューブの人間なんて、私は『そういうことをしてもらう必要はない』と遺書を書いて渡してありますけども、そういうことができないと、あれ、死ねませんもんね。いいかげんに死にてえナと思っても、生かされるとはかなわないですから、……さっさと死ねるようにしてもらわんと……この種の話は解決できないんだ」と終末医療について口走った。

この発言に対して、民主党の細野幹事長は記者会見で「『とにかく生きよう』と頑張っている方もいる。政治家として言葉を発する時は、国民それぞれの受け止め方や意思を尊重すべきで、どうかという感じだ」と述べ、不適切だとの認識をしめしている。新聞の投書欄を注意していると、「そのとおり」という八三歳の方の投書もあれば、「人間性を疑う発言」という六八歳の方の投書もあった。

国会では衆議院で予算委員会が開催され、議員による論戦が戦わされていたが、麻生副総理兼財務相の「終末医療に対する発言」について特に議論されることはなかった。

平成二四年に刊行された「大往生したけりゃ医療とかかわるな『自然死』のすすめ」（中村仁一、幻冬社）が五〇万部。「『平穏死』という選択」（石飛幸三、幻冬社）が四万部。

最近では精神科医和田秀樹の『『自尊死』のすすめ」、が発売され、病院での終末医療を否定する本が売れている。

「終末医療」をどのような方向にするかは、非常に難しい問題である。ひとつの考え方として、家族も外して各個人が終末医療に関し「意思表示制度」を確立しておくということは考えられる。

病院でのターミナルケアをなくし、在宅での看取りとなると、終末医療にかかる費用、その間のベッド利用が無くなるが、在宅療養のためには訪問看護が、そして訪問診療が必要になり、そのためには総合医の育成が考えられる。

21 風樹の嘆

日本では昔から「親の恩は海より深く山より高い」と言われている。新生児から乳幼児、小学生、中学生それから高等教育を終えて社会に出るまで、子供は親に相当の苦労をかけている。特に若い時期は親の恩などは考えることなく、ファッション、グルメや観光旅行などに興味は満ちているようである。親が亡くなり初めて親のありがたさが分かり、親への親孝行の足りなさに気付き嘆くようである。

中国の『韓詩外伝（かんしがいでん）―巻の九』に次のように書かれている。

樹欲静而風不止　　樹　静を欲すれど、風　やまず
子欲養而親待也　　子　養わんと欲すれど、親　またず

意味は、樹木は静かに暮らしたいと思っているが、なかなか風は止んでくれない、子供

は親を養いたいと思っているが、親は長生きすることなく天寿を全うしてしまう、である。

このことから、すでに死んでしまった親を思う気持ちを「風樹の嘆」と言うようになった。日本では「親孝行したい時には親はなし」、「何時までもあると思うな親と金」、「墓石には布団は着せられない」などがある。

日本は長寿社会となり、子供が社会的にも一定の地位になっている、子育ても終わっている、そのような時期まで親は元気なケースも多いと思われる。また、敬老の日なども制定されている、風樹の嘆にならないように、大いに親への感謝を具体化されたらと考える。

医療用医薬品の「モーラス」や一般医薬品の「サロンパス」の久光製薬の元会長の中冨正義翁が九月二三日に一〇六歳で逝去された。

元会長は昭和のはじめ、当時の湿布薬は黒が常識のところを白に変えた。この湿布薬を販売促進するために炭鉱労働者が入浴しているところに持ち込み、炭鉱労働者の背中などに貼ってまわったとある。今では逆転の発想、マーケティングや現場主義は常識であるが、世界第二次大戦後の好景気が衰退し、昭和恐慌の時代であり、その先見性と行動力には驚きである。

元会長は旧制の明善中学卒業で在学中は部活動として、長距離ランナーとして活躍した。その後も長距離走は続けて、七七歳でハワイのホノルルマラソンに挑戦した。マラソンでは、数千枚のサロンパスを背負い、四二・一九五キロメートルを沿道で応援する人々に配布した。この姿は大会の名物となり、九一歳まで連続して一五年間続けられた。

元会長の座右の銘は「風樹の嘆」である。座右の銘にされた理由は、旧制中学から旧制高等学校を受験した折に、「風樹の嘆」について出題があったが内容を知らなかったために受験に失敗されたそうである。「風樹の嘆」を色紙に揮毫(きごう)を沢山して多くの取引業者に配布された。私の家のちかくでよく利用するゴルフ場にも飾ってある。色紙を書くことにより、若き日の失敗を想い起こし、発奮され、経営者として、市民アスリートとして大成されたのであろう。

明治維新は陽明学でなったという人がいる。陽明学の訓えは「知行合一」である。知行合一とは、知は行いのはじめ、行いは知のなるなり、知って行わざるは未だ知らざるなり、という行動の学問である。陽明学を学んだ人には、大塩平八郎、佐藤一斎、吉田松陰や西郷隆盛がいる。大塩平八郎は幕府の役人でありながら幕政に反旗を翻して乱を起こした行動者である。吉田松陰は幕法に違反するとわかっていながら、ペリー艦隊の船に乗り込んでくという行動者であった。

陽明学は、孔子を祖とする儒学の一派である。儒学は、秦の始皇帝による焚書坑儒によって一時途絶えたが、宋時代に朱子が再興した。これを朱子学といい、江戸幕府は朱子学を官学とした。明の時代になり、王陽明があらわれ、朱子学から分かれて陽明学を開いた。

日本では、江戸時代に四国の大洲藩の藩士の中江藤樹が陽明学の祖といわれている。中江藤樹は大洲藩に仕えていたが、年老いた母親が遠く郷里の江州の安曇川に一人暮らしさせておくには忍びないとして、脱藩して郷里へ帰った。

中江藤樹の代表的な言葉に「孝は愛敬なり、愛敬は上を敬し、下を愛するなり」と言っている。このことからすると「孝」は、親だけでなく、子や孫にも思いやることであろう。

中国の経書の『孝経』には、「身体髪膚、父母にうく、これを毀傷せざるは孝のはじめなり」とある。子供は、親から受けた体を大事にし、ケガや病気にならないことが親孝行であると訓えている。

22 覆水盆に返らず

中国の殷末周初の時代の話であるから、約三一〇〇年ぐらい昔の話である。若くして勉学中の呂尚（りょしょう）は、馬氏の娘を娶った。だが、呂尚は外で働くこともなく、日長一日家に籠り勉強を続けた。財産のある家では無いので食べるのにも困る状態であった。働きの無いグウタラ亭主に愛想をつかした馬氏は「とても私はこの家ではつとまりません。今日を限りにお暇します」と三行半（みくだりはん）をつきつけて、実家へ戻った。

その後、呂尚は周の文王に見出され、ついには諸侯として斉に封じられるようになった。そこへ馬氏の娘がやってきて「昔は食事にも事欠くようでしたから、お側を去りましたが、今はこんなに立派になられたので、あなたの妻としてお側ちかくお仕えさせてもらいます」と述べた。

呂尚は黙って器に水を注ぎ、庭におりて土へ水をこぼした、そして馬氏へその水を掬（すく）うように命じた。馬氏はけげんに思いながら、水を掬おうとしたが、土は水を吸い込み掬うことが出来なかった。そこで、呂尚は「一度こぼれた水は、元の器に返すことは出来ないのだ」といった。つまり、一度別れた妻は、もう元へは戻らせないと伝えたのである。

「国家の事、亦た何ぞ容易ならん、覆水(ふくすい)収まらず、宜しく之を深慮すべし」(『後漢書』)などと引用され、「いったん為し終った事は、取り返しがつかない」という意味に使われる。

学ぶ

この故事を現代的に考えると、馬氏の再嫁のための行動として呂尚に対して、誠意や愛情が足りなかったようである。幕末の長州藩の若き軍学者、教育者そして思想家である吉田松陰は「至誠にして動かざるものは、未だこれ有らざるなり」(『講孟箚記』)と訓えている。馬氏が呂尚の心を動かすことが出来なかったのは「誠意」が足りなかったからだと思われる。人間である以上は、他の人から「誠心・誠意」対応してもらえば、その「誠心・誠意」に対して報いる心を持っているものである。

また、愛情よりも「欲得、利」の行動であったようである。孔子は、「利によりて行えば怨おおし」（『論語』里仁編）と訓えている。他人の利益を考えず自分の利益を優先した行動を行えば他人からは怨をかうことになる。筆者は事を処するに当たり常に、「公」であるかを自問して今日があると考えている。

「欲」についてであるが、「欲」があるから、その人自身が努力し一定の成果を上げることができるなど、人にとって「欲」は非常に大事である。しかし、欲が過ぎたりすると弊害があるようである。古典の『小学』には「欲に従えば、これ危うし」とある。欲には従うものでなく、セルフコントロールするものである。昔の欲は「慾」と下に「心」があったものである。かって、セルフコントロールを忘れた「欲」がバブルとなったと考えている。

太公望

文王と呂尚との出会いは、呂尚が釣りをしているところに、文王が近寄り仕官を勧めたことからである。その日文王は狩りに出かけることになり、占いをしたところ、「獲るところ龍にあらず、虎にあらず、熊にらず、羆にあらず、虎にあらず、貔にあらず、獲るところ覇王の輔ならん」とでた。馬を駆って山野を駆け巡ったが、狩りはさっぱりであった。いつか渭水（いすい）のほとりに出ていた。その河辺に貧相な男が釣り糸を垂れていた。文王が声をかけると、その男の応答は立派で大人物であることがわかった。この男こそが占いの人物であると確信するとともに、「私の父（太公）は、いつか聖人が現れて、周を興してくれると待ち望んでいた」ことを思い出した。

呂尚は、文王の師となり、周の繁栄を築きあげた。呂尚は太公が待ち望んでいた人物として「太公望」と呼ばれた。また、魚釣りが出世の糸口となったので、釣りの好きな人を「太公望」と呼ぶようになった。

「釣れますか　などと文王　そばにより」という古川柳がある。

三行半

江戸時代末の教育状況は、各藩には藩校があり、庶民には寺子屋が全国に三千あったと言われている。当時の日本国民の識字率は非常にたかく日本文化に大いに貢献したところである。明治に入り欧米文化を取り入れるに、欧米の言葉を和訳するにあたり、欧米との文化の違いから和訳が困難なものもあった。

例えば、「共和」である。当時のアジア地域は国家の政治体制は王政であり、共和政治を何と和訳したよいか悩んだ。司馬遷の『史記』の晋世家編に「周の厲王、迷惑して暴虐なれば、国人、乱をなす。癘王、彘に出奔し、大臣、政を行う。故に共和という」から「共和」と和訳した。

三行半とは、江戸時代の離婚制度で、夫が妻の家族あてに書いた離婚状である。識字率が高かったので書類にしたものである。内容は、一つの例であるが、一行目に「厚く深い縁と考えていたが、実は浅く薄かった」、二行目に「双方の責任するところではありません」、三行目に「後日、他家へ嫁ぐことになろうとも、一切異議ありません」と書かれていた。

字が書けない者は、紙に黒い三行の棒線を書いたものもあったようである。

23 朋あり遠方より来る、亦、楽しからずや

この言葉は孔子の言行記録と呼ばれている『論語』の第一章学而篇第一にあるものである。これは解釈するまでもなく、「遠くにいる親しい友人が久しぶりに訪ねてくれた。清談をして酒を酌み交わし夜の更けるのも忘れてしまう、こんな楽しいことはないではないか」ということである。

我が国は少子高齢社会となり、特に高齢者の独居による人との交わりが少なくなってきている。新聞報道で孤独死などが報じられる。人間はもともと「むれて」生活してきた。人との交わりが少ないと健康や寿命にも良くないようである。

孔子は身体の特徴として、当時としては珍しく身長は二メートルを超える長身で、歯は出っ歯で、七〇歳すぎまで生き長寿であった。このように長寿であったのは、弟子が三千五百人いて、常に人と交わっていることからであったろう。

孔子が弟子を引き連れて各国へ流浪の旅をしている時に、川を渡らなければならなくなっ

た。孔子は、子路にたいして渡し場を尋ねてこいと命じた。隠士の長沮と桀溺が田圃を耕していた。この二人に子路が渡し場を尋ねると、逆に長沮が「あの車で手綱をとっている人はだれだ」と問うた。子路が「孔丘という人だ」と答えた。「魯の国の孔丘だね」、「そのとおりだ」彼はいった。「その人ならば渡し場は知っているはずだよ」。それで、今度は桀溺に尋ねた。桀溺は「あなたはどなたですか」、「仲由という者です」、「魯の孔丘のご一家かな」。子路は「そのとおりです」と答えた。「ひたひたと洪水が押し寄せるように、天下はこのように乱れている。一体おまえは誰といっしょになって治めるつもりかね。おまえは人間を遠ざけている先生より、どうだ、ひとつ世間を遠ざけている先生についたら」と言いながら、蒔いた種に土をかぶせる手を休めなかった。

子路は以上のことを報告すると、先生は憮然として「鳥や獣の仲間にはなれないよ、私が人間の仲間から外れて、だれと一緒に暮らすことができよう。天下に秩序が行われているのなら、何も私が改革に手をつける必要がないではないか」と述べられた。

孔子は、「吾、斯の人の徒と与にするに非ずして誰と与にせん」と人との交わりが重要であるとの考えであった。

同期会・広島

前の職場で若い時に、北は北海道から南は沖縄から三六人が参加した東京の桜上水での長期研修に参加した。同じ釜の飯を食し、新宿も近いことから夜毎に新宿で杯をかたむける研修生活であった。ここでの三六人の交わりは、後の仕事の推進での情報交換などに大いに役立った。研修終了後も随時に同期会を全国各地で開催している。平成二四年一一月には、広島から参加していた研修生の世話で安芸の宮島で開催された。

前泊したので広島市内を散策した。平和公園の中央には、「平和の灯」が終日炎をあげている。炎は過去に向かって原爆で犠牲になった方々の鎮魂の炎として、未来に向かっては恒久平和を願っての炎である、と思いながら拝礼した。

街を歩けば、非常に道が広い町である。原爆で焼け野原になって、復興を考えた時に道をどうするかは重要である。道を根本的に考えると、「人、車馬が移動する」ことである、そのために、そんなに広くなくてもよい。長期的には、「将来の車の増加」を考慮すると道路は広い必要がある。多面的には「道路の幅が広いと、火災のおりに火よけ地」となるので広い必要がある。
広島の先人は、根本的、長期的そして多面的に熟慮した結果が、今日の道路となったのであろう。

同期会・厳島神社

厳島（いつくしま）神社は、前面に瀬戸内の海、弥山（みせん）を背後に鎮座されている。ご祭神は、田心姫命（たきりびめのみこと）、市杵島姫命（いちしまひめのみこと）そして湍津姫命（たぎつひめのみこと）である。天照皇大神（あまてらすおおみかみ）とスサノオノ尊が高天原で剣と玉による御誓（うけい）されたときに出現された神々である。御皇室の安泰、国家鎮護、海上の守護神として尊崇を集めている。

古川柳に「神仏に手前かってを申し上げ」というのがある。神に手合わせ「試験に合格しますように」、「病気が治りますように」や極端なのは「宝くじが当たりますように」を祈っている人が多いようである。

正殿に向かって頭を垂れて心耳をひらくと、神は「神には感謝を申し上げよ」と啓示であったようである。小学校いらいの友達、職場の仲間、勉強会の人々などに助けられた人生のようである。この人々に感謝することが健康長寿につながると考えている。

徳は孤ならず、必ず隣あり

孔子は「徳のある人は孤独になることはなく、必ず周りに人が寄ってくるものである」と訓じている。人として他人対して、誠意を示し交際すれば他人から信頼されるものである。

弟子の子游(しゆう)は、「主君につかえて、こうるさくすると、きっと辱められ、朋友に、こうるさくすると、きっと疎外される」と言っている。友と交友を長続きさせるには、相手をおもいやるこころが大事のようである。

24 墨守

墨子(ぼくし)は中国の斉国人で孔子が生きた時代の前後の人と言われている。彼の考えを述べたものとして『墨守(ぼくしゅ)』という本が残っている。自分と他人を差別しない考えで、「自分を愛するように他人に対せよ」と「兼愛(けんあい)」を主張している。

楚国の公輸盤(こうしゅはん)が、宋国を攻めようとしていると墨子は情報を入手した。斉から十日十夜かけて楚へ急行した。墨子は公輸盤を訪ねた。

「北方に私を軽蔑する者がいますので、あなたの力で殺していただきたいのでが……」

公輸盤は不快な顔をして言った。

「私の義を思う心から、人を殺すことは出来ません」

墨子は恭しく礼をしながら説いた。

「楚の地は余りあり、人は不足しています。それなのに領地の足りない宋を討ってよいでしょうか。しかも罪のない宋の国ですよ。一人を殺さない、あなたの義であるなら、宋の多くの人を殺すのが義でしょうか」

公輸盤は墨子にやりこめられ、墨子の願いをいれて楚王のところへ案内した。墨子はまた例え話をした。

「飾りたてた車の持ち主が、隣のボロ車を盗もうとしたり。絹の衣を着た人が、隣人の破れた衣を盗もうとしたり。上等の食事をしいる人が、隣人の酒粕を取ろうとするのを、どうおもいますか」

「きっと盗癖があるのだろう」

「それでは五千里四方もあり、獣や魚に富み、大木の多い楚の国が、五百里四方しかなく、食糧に不足し、長木のない宋を攻めるのは、これと同じではありませんか」

問い詰められた楚王は、窮して答えた。

「いやいや、わしより公輸盤の工夫を生かそうとの考えであった」

この後、墨子と公輸盤は王の面前で勝負をすることになった。墨子は帯を解いて城の構えをして、木札で盾をつくった。公輸盤は九回にわたり、臨機応変のしかけを作り攻撃した。墨子は九回とも固く守りとおした。公輸盤の攻撃の道具は尽きたが、墨子の守りにはまだ余裕があった。これが有名な「墨守」または「墨翟の守り」である。

墨子は楚王に告げた。

「公輸盤は私を殺して、宋を攻めようと思ったでしょう。しかし、私が殺されたら、弟子どもが先ほどからご覧にいれた守備の盾を宋へ持って行き、楚の侵入を待っています。私を殺しても降伏させることは困難でしょう」

墨子に先手をうたれ、とうとう楚王は宋を攻めないことを約束した。

この話は『墨子』の「公輸編」にあり、「墨守」とは、「よく守りひとつも屈せぬことである」、また「自説を守って容易に曲げぬこと」をいう。

墨守・コルベ神父

昭和五年の晩夏、ポーランドから二人の神学生が長崎のコルベ神父のもとにやってきた。これで大浦の聖母の騎士たちは七人となった。大浦では、大浦神学校の運営と宣教出版が主な任務であった。費用はポーランドのニエポカラノフ（聖母の騎士）修道院から毎月当時の金で四〇〇〇円が送金されていた。しかし、騎士誌の作成費用や郵送料にお金がかかり、また、騎士誌は無料のため、聖母の騎士の生活は質素そのものであった。

西洋人であれば普通食べる、牛肉、馬鈴薯や牛乳はほとんど口にすることは無かった。パンと麦と人参が泳いでいるようなスープとコップ一杯のお茶が主食であった。

コルベ神父は長崎で六年間布教されたが、遺品はほとんど無かった。ゼノ修道士手作りの粗末な机と椅子、ポーランド語で書かれた一冊の大学ノート『長崎日記』が保存されているだけだった。

布教活動の拠点の大浦は手狭のため、本河内（ほんごうち）の土地七千六〇〇坪を七千円で購入することになった。代金の支払いは、前納金として千五〇〇円で、残りは分割払いの契約をした。大浦の篤信の信者が心配して、コルベ神父を訪ねた。「払うお金はあるのですか」。「いいえ、今はありません」。「神父さま、お金は確実にポーランドから送ってくるのでしょうね。もし、送ってこなければ、千五〇〇円は取られてしまいます」。するとコベル神父は言われた。

「私は知りません。送ってくるか、こないか知りません。この土地を買うことが聖母マリアさまのお気に召すならば、必要なお金は必ず送ってくるでしょう。

お気に召さないならば送ってきません。総ては聖母マリアさまのお望みにあるのですから、総てお任せしております」

七〇〇年前の聖フランシスコの厳しい清貧の生活を守る精神、聖母マリアへの熱い帰依がコベル神父を通して守り引き継がれている。まさに墨守である。

コルベ神父は、昭和一一年にポーランドに帰国し、ニエポカラノフ修道院の院長に就任した。第二次大戦が勃発すると政治犯としてアウシュビッツに収容された。強制収容所の死刑者の身代わりとなって、餓死の地下室へ下っていき帰天された。

25 陽関三畳

春は出会いの季節でもあるが、また、別れの季節である。「別れ」にもいろいろある。学業を終えて学友と別れ社会へでる、これは卒業でなく新たな勉強の始まりである。勤務地が変更になる転勤の別れ、栄転もあれば左遷もある。勤務した企業に貢献し、また、社会に貢献して定年を迎え仕事仲間との別れ。縁あって共に生活してきたが、何らかの事由での別れ。

中国の盛唐の時代、詩人の王維（おうい）はタクラマカン砂漠の地の西域クチャへ出張する友を見送るために渭城まで共にした。渭城（いじょう）は長安（現在の西安）の西の門戸である。友と一夜を語り飲み過ごし、翌朝に別れの漢詩をつくっている。

元二の安西に使いするを送る

渭城朝雨浥軽塵　　渭城の朝雨　軽塵を浥（うるお）し

客舎青青柳色新　　客舎青青　柳色新たなり
勧君更尽一杯酒　　君にすすむ　更に尽くせ一杯の酒
西出陽関無故人　　西のかた陽関を出づれば　故人なからん

別れにあたり、十分に語らい、酒も酌み交わし、朝起きてみると、朝方に降った雨もあがり太陽が顔を出し、駅舎や街の土埃りも雨に洗われ、柳はひとしお緑鮮やかである。旅立ちには好都合の天候である。王維は、柳の枝を手折りして、元二にわたし別れた。

古代、別離のときに柳を折りとって贈るのが習慣であった。敦煌から数十キロ先に、タクラマカン砂漠への関所として陽関と玉門関を設置していた。タクラマカンとは、ウイグル語で、タッキリ（死）とマカン（無限）の合成語で「死の世界」を意味する。筆者も平成一六年五月の連休に陽関の地に立ったことがあるが、とても一歩を踏み出す所でないことを強く感じたものである。

西域へ初めて旅した者として、前漢の武帝の命を受けて大月氏国へ使いした張騫（ちょうけん）がいる。張騫が漢帝国へ西域情報をもたらすとともに、西域の民族が漢へ訪れるようになった。このことにより、シルクロードが開発されていった。

中国の四世紀末の東晋時代に僧法顕（ほっけん）は、六〇歳を過ぎていたが仏典を求めてインドへ旅をした。インドへの旅の記録を『法顕伝』でタクラマカン砂漠について、「上に飛鳥なし、下に走獣なし」と述べている。漢詩の第四節の「故人なからん」は、陽関を踏みだしたら、まさに死出の旅ですと言っている。

唐時代以降、この漢詩が別れの曲として、「陽関三畳（ようかんさんじょう）」として特別な歌い方で歌い継がれている。「西出陽関無故人」を三回繰り返して歌う。いつの時代も別れはあるものである、別れの場で歌い継がれて、今日、西安歌舞団が演奏する「陽関三畳」は明代の譜をもとに演奏されている。

仰げば尊し

かつて、学校の卒業式では「仰げば尊し」の歌を歌い、涙した生徒が多数いた。この歌の歌詞の「仰げば尊し」は『論語』に「これを仰げばいよいよ高く」とある。これは孔子の弟子の顔淵が孔子を評した言葉で「先生の人格は、仰げば仰ぐほど高い」からとったものである。

「訓えの庭にも……」は、孔子が子供の鯉(り)が庭を横切るときに、「勉強はしているか」と諌めた故事からとったものである。

別れの詩・勧酒

晩唐の詩人の于鄴(うぎょう)(字は武陵)は、進士に及第し役人生活をしていた。しかし、役人の仕事に馴染めず官を辞して、琴と書物を携えて各地を放浪したあとに、中岳(ちゅうがく)の嵩山(すうざん)(河南省)に隠棲した人物である。

勧酒

勧君金屈巵　　君にすすむ金屈巵(きんくつし)

満酌不須辞　　満酌を辞するももちいず

花発多風雨　　花ひらけば風雨おおし

人生足別離　　人生は別離おおし

この「酒を勧む」の漢詩は、同僚が意に沿わぬ転勤にあたり歌った詩であろうか。意訳すれば次のようになる。

さあ、君との別れだ、黄金色の酒杯をうけてくれ。なみなみと注いだ酒を辞退しないでくれ。花がさけば、雨や風が多くなり散らすものである。人生には別離が沢山あるものだ。

この詩を井伏鱒二の名訳があるので紹介する。

　　このさかづきを受けてくれ
　　どうぞなみなみ注がしておくれ
　　花に嵐のたとえもあるぞ
　　「さよなら」だけが人生だ

26 流水は腐らず

中国の古代の歴史書に『春秋(しゅんじゅう)』があるが、この言葉は、『呂氏春秋』に出ていて、「流水は腐らず、戸枢の螻(ろう)せざるは、動けば也」による。「螻」は「蠹(と)」と同じ意味で、虫に食われて腐食することである。

「流れる水は腐食することなく、また、門戸の軸が腐食しないのは動いているからである」意である。人間も同様で、新陳代謝が不活発になると、身体のあちこちで不具合とり、病気を発症することになる。また、「転がぬ石には苔はつかない」の格言もあるが、人間も「動物」である、心身ともに活性化し病気を予防したいものである。

メタボからロコモへ

先の大戦の前から、そして戦後にかけての国民病は結核であった。国民は病気になった時に医療機関を受診していた。その後は、病気になってから医療機関を受診するのでなく、病気の早期発見・早期治療の考えから「人間ドック」が推進された。

国民の疾病構造が感染症から生活習慣病（成人病）へ変化するなかで、保健と予防が重要視されて、平成一二年には「二一世紀における国民健康づくり」（健康日本二一）が策定された。平成一八年の医療制度改革で、「後期高齢者医療制度」の導入により、医療保険加入者で四〇歳から七四歳までを対象として、特定健康診査が開始された。特定健康診査には、疾病発症予備軍にたいしては、特定保健指導（動機づけ指導・積極的指導）導入された。この特定健診は、現在加入している医療保険制度から「元気で後期高齢者医療制度」へ移行してもうことが狙いである。

メタボリックシンドロームでは、「腹囲」、「血中脂質」、「血圧」そして「血糖」の状況を把握して、生活習慣病を予防することである。

国の政策や、医療関係者の努力そして国民の健康への意識が高まり、日本は世界一の長寿国となった。

しかし、平均寿命は延びたが、日常生活に制限の無い高齢者である「健康寿命」との差は大きく次のとおりである。

	健康寿命（二〇一〇年）	平均寿命（二〇一二年）	差年
男性	七〇・四二年	七九・九四	九・五二年
女性	七三・六二年	八六・四一	一二・七九年

また、日常生活に制限の無い期間について、都道府県で、男性二・七九年、女性二・九五年と格差がある。

健康寿命を延伸と健康格差を是正するための政策として、国はロコモティブシンドロームを健康日本二一（第二次）の中心に据えて、平成二五年度から平成三五年度まで実施する。ロコモが国民に対して普及すれば、疾病予防や介護予防は勿論であるが、本人や家族の幸福度は一段とよくなるであろう。

がん登録

二〇〇六年に成立した「がん対策基本法」により、「がん登録」は進められているが、がん診療連携拠点病院などの院内がん登録などでは、年間に七五万人とされるがん発症者数の半分にも満たない状況である。

一九九二年にがん登録法を整備したアメリカは、登録情報により治療や検診によって、発症率、死亡率ともに減少している。英国は乳がん患者の多い年齢層に検診を呼び掛けることにより、国民の乳がん死亡率が減少した。

今では二人に一人はがん患者となり国民病と言われているがんの実態を、把握するため全病院にがん患者の情報提供を義務付ける「がん登録推進法」が今国会で成立する見通しである。（一一月八日記載）

法案によると、全国約八千五〇〇の病院と一部の診療所が参加する。大人から子供まで全患者の氏名、住所、診断日、がんの種類・進行度など二五項目程度を同じ様式で都道府県に報告する。この情報は毎年、国立がん研究センターへ集められる。市町村の住民の死亡情報もセンターへ随時報告され患者の死亡がチェックされる。

病院によっては、登録業務をになう体制の構築が困難なところもあるが、国民病の克服のために努力する必要があると考えられる。プライバシーでは、がん登録に携わる職員が、情報を漏らした場合は、二年以下の懲役または一〇〇万円以下の罰金を科すことになる。

生存率や有効な治療法などの成果がでるには五年～一〇年かかるとみられている。

27 和を以って貴しと為す

古代の日本は各豪族による分立した国をしていた。大和朝廷の勢力が拡大し、五世紀後半には関東や九州まで支配下においていたようである。埼玉県行田市の稲荷山古墳から発掘された鉄剣の表面に、金象嵌された文字が一一五文字あった。そこには、埋葬された一族が「ワカタケル大王」に仕えていたことが記されていた。また、熊本県菊水町の江田船山古墳から発掘された鉄剣からも同様の象嵌された文字があった。

豪族は私有地と私有民を支配していたが、大王と友好関係を維持することにより政権を維持していた。朝廷側も各豪族に「姓（かばね）」という称号を与えて関係の維持に努めた。姓（かばね）には、臣（おみ）、連（むらじ）、君（きみ）、直（あたい）、造（みやつこ）そして史（ふひと）など多数があった。

六世紀の中盤になると、仏教の受け入れをめぐって、蘇我（そが）氏と物部（もののべ）氏との間で争いとなり、蘇我馬子（そがのうまこ）は五八七年に物部氏を武力で滅ぼした。蘇我馬子は朝廷内での発言権が強くなり、崇峻（すしゅん）天皇を即位させ、聖徳太子（しょうとくたいし）の協力を得て政治を進めた。崇峻天皇が馬子のおもうように動かないために、渡来人を使って天皇を弑して、崇峻天皇の異母姉の推古天皇を初の女帝として即位させた。天皇は甥にあたる聖徳太子を皇太子に立てて、摂政として政治の権限を与えた。

中国では漢帝国が崩壊後、隋が統一する五八九年前は易姓革命が次々とあり混乱していた。そのために韓半島では中国の影響が少なくなったこともあり、高句麗が半島全体に勢力を伸ばしていた。日本は半島南部に伽耶（任那）に拠点をもっていたので、百済とも密接な関係をもって高句麗に対抗した。

このような国際情勢のなかで、再び北部九州の大豪族筑紫の磐井の乱のようなものが発生しないように、内政を固めることが最重要となった。そのためには各豪族が国家への忠誠と部族間の友好が重要であると考えた聖徳太子は、憲法を作ってこれに対応した。

憲法は十七条からなるもので、第一条に「和を以って貴しと為す」をもってきて、上下の身分をわきまえて、豪族間で争うことのないよう釘をさした条文である。

日本は先の大戦後は、戦争の無い期間を保っているが、憲法を守り、平和を願っていれば、今後も無事であるとは限らない。外交と防衛を怠ることなく努力する必要があると考えられる。東シナ海方面での有事の際の専守防衛の要としては、伊良部島の大型船が接岸できる港と、現在は航空機発着訓練用として使用されている伊良部島と橋で結ばれた隣接する下地島の三千メートルの滑走路が活躍することになろう。

世界を眺めてみると、争いは中東地区が中心のようである。中東地区の人は、何事にも白黒をつけなければ気が済まない苛烈な方が多いようである。新聞情報によると次のような「和を乱した情報」が報じられている。

イラクの刑務所襲撃

イスラム教のラマダン（断食月）にあわせて、七月二一日に武装勢力はイラクの首都郊外にある刑務所を襲撃し、収容されている国際テロ組織アルカイダメンバー五〇〇人以上が脱獄した。武装勢力が迫撃砲や携行式ロケット弾などを使い、刑務所内に押し入り、ラマダンのために食事が日没後の屋外で行われているときの犯行であった。治安部隊側は少なくとも三五人以上、武装勢力は四人が死亡している。

シリア内戦と難民

シリアでは二年以上続いている内戦のために、これまでに一〇万人以上が死亡している。この難を逃れるために、国民は隣国のヨルダンやレバノンに一七〇万人が難民として脱出している。今も毎日約八千人が周辺諸国へ保護を求めている。「逃げて殺される危険を冒すか、留まって殺される危険を取るか」の厳しい選択の中で、国外へ逃げられない国内避難民も四二〇万人いる。

国際連合は、本年末までにシリア人口の半分の千万人が支援を必要とする史上最悪の人道危機になると警告している。

エジプト人は流血を嫌う

二〇一一年二月に長期政権であったムバラク政権を、大デモで崩壊に追い込んだ。ムバラク元大統領について処刑することなく退陣させた。一九五二年のクーデターでは王政を、ナセルを中心とした青年将校が打倒した。王族については、危害を加えることなく、一定額財産を保有させて国外への追放の処置をした。イラン革命では、王族や重臣たちは次々と処刑された。

　エジプト人の国民性は、温和で激こうしたりしないようである。また、おせっかいなほどに親切で、好奇心に満ちて、言葉を介在させず通じ合える民族のようである。

　今回のクーデターも軍は、事前に各派に根回しをして、期限を切ってモルシ大統領に、事態収拾を求める最後通告をしていた。クーデターは前触れなく行うのが普通であるが、いかにもエジプトらしい手法だった。

28 惻隠の情

東日本大震災に対して、国内はもとより世界の国々の人から、お見舞いや金品など物心両面にわたる支援が行われている。このことは人には、本性として他人を助けたいという心が備わっているのである。

紀元前三七二年頃に、中国の鄒の国に生まれた孟子は、長じて孔子の孫の子思について儒学を修め、聖人孔子につぐ亜聖とわれた。人間の性は本来善であるとする「性善説」をとなえ、政治については「仁と義」を説いた。

ヨチヨチ歩きの幼い子供が、井戸の淵に近づけば、誰でもが危ないと救ってやろうと思う。このことは、救ってやったことにより、お礼を貰おうとか、他の人から誉めてもらおうという打算はないのである。かわいそうだと思う心は（惻隠の情）は誰でもが持っているものであると訓えている。

平成二四年度報酬改定

政府は、税と社会保障の一体改革検討会議で社会保障の改革内容について、六月三〇日一定の案を纏めたが、税の消費税の税率を上げる時期について玉虫色にした。そして、この件については閣議決定を行っていないので、法案作成がズレ込むことは必至である。平成二四年度の「診療報酬」と「介護報酬」の同時改定に影響するのではなかろうか。

社会保障については、「扶助」、「共助」それに「自助の支援」があるが、内容を見てみると「共助」を主力としたものになっている。まさに「惻隠の情」を制度化するようである。主なものとして次のようなものがある。

1　精神科医療と予防医療について、二〇二五年を見据えて構築する

このことは、精神科では入院患者のうち現在七万二千人の社会的入院があるものを社会復帰させる政策を確立することである。

予防医療については、健康長寿の実現に生きる人としての尊厳を保つとともに医療費の減少を考えたもので、国民への健康づくり政策が進むものと考えられる。

2　医療及び介護従事者の確保

医師の確保については、医学生の増員等が行われたところであるが、医師は大学及び臨床研修医の期間を入れると八年必要である。急場として「医師事務作業補助」制度を設けて凌いでいるところである。

看護職員については、現在、年間六万人を養成しているが、出生数が一〇七万人の状況のなか、半数の女性について考えると、五〇万人に対して、六万人を養成することは、一〇人に一人が看護職になることになる。はたして今後、看護職を希望する者を確保できるか検討しておく必要がある。

介護職については、処遇が悪く確保できない状況にたいして基金を設立して対応したが、この基金も平成二四年三月末で資金が底をつく。介護報酬を引き上げて対応すると考えられる。

3　包括的に医療と介護の運営を機能分化しておこなう

医療のなかでの看護職の介護業務が含まれることに対して明確化などが考えられる。

4　長期療養者の負担軽減と定額負担（一〇〇円）の導入

がんの治療等で長期にわたり高額のがん治療薬の服用している患者の負担を軽減する。

その財源を外来診療した患者から、定率負担の上に一〇〇円の定額負担をしてもらう。

5　給付費に税の負担割合をたかめる

国民健康保険制度への国の負担は五〇％であるが、所得の少ない高齢者の加入比率が高く、制度を維持するには税の投入比率を上げる必要がある。

6　一部負担金を二〇歳まで二割負担、七〇歳～七四歳を二割負担

民主党の子育ての社会化の一環としての政策で、現在の就学前二割負担を二〇歳まで引き上げる。七〇歳からの二割については、本来二割負担のところを民主党の政策でおこなわれていたものである。

7　介護保険被保険者の年齢の引き下げ

介護保険制度が発足した平成一二年の介護費用は三・六兆円であったが、平成二一年七・七兆円と二倍以上になっている。保険料についても当初二九一一円が四一六〇円とあがり、高齢者にこれ以上は求めづらくなっている。そのために、四〇歳未満の若者にも負担してもらう考えである。

8　長く健康を保った人の保険料上のインセンティブ

公的医療保険制度は強制加入のために、全く病気しない人も保険料を払い続けることになっている。アメリカ人をみていると、よくジョギングなどをして自分の健康は自分で守っている。また、アメリカ社会で上に立つような人は自分の健康管理をしない人は評価されないようである。健康管理をキチンとした人は保険料を安くする制度が導入されることが考えられる。

日独交流一五〇周年

皇太子殿下は、一八六一年日本とドイツで交わされた修好条約一五〇年にあたりドイツを行啓された。明治期の日本医療はドイツ医療などドイツとは深いかかわりがある。

一八七三年、沖縄県宮古島沖を航行していたドイツ商船のロベルトソン号は、大嵐に遭い、島の暗礁に乗り上げた。近くの宮古島の上野村の村民は、荒波のなかを懸命に救助作業に尽力し全員を救助することができた。時のドイツ皇帝ウイルヘルム一世は、感謝の意を表すために記念碑を上野村に贈っている。この博愛精神を語り継ぐために、地元小学校では「博愛の日」設けている。「惻隠の情」が正に具体化したものである。

29 漱石枕流

中国の晋（しん）の時代の話であるから、三世紀ごろのことである。当時は政治とは距離をおき、山林に隠れ棲み、好きな音楽や詩作をして、老荘の思想を論壇する清談が知識人に流行していた。

孫楚（そんそ）は、親友の王済に対して、「オレは山林に隠れ棲み、石で漱（くちをすす）ぎ、流れに枕する生活をするよ」と告げた。孫楚は本当は、「石に枕し、流れに漱ぐ山林生活」と話す予定であったがトチってしまったのである。王済はカラカラと笑いながら、「流れを枕にできないよ、石で口をすすげるかい」と揶揄した。

そのことに直ぐに気付いたが、機転のきく孫楚は、すかさずに「流れを枕にするのは、大昔の隠者であった許由のように、けがわらしい事を聞いた時に耳を洗うため、石で口をすすぐのは、歯を磨くためである」と反論した。

許由という人は、中国古代の堯帝と同じ伝説的人物である。堯帝を徳治主義の人とすれば、許由は俗世間を避けた隠者で、清談の大先輩であった。許由（きょゆう）は箕山の麓に住んでいたが、堯帝より天下の九州の長官への就任を要請したが、けがらわしいことを聞いたと、そばを流れる潁水の水で耳を洗い清めた。この伝説は、『高士伝』にあり、「耳を潁水（えいすい）に洗う」といえば、俗世のことをキラウことを意味する。

王済は、孫楚の反論にたいして、どのように思ったか文献ではでてこないが、孫楚の機転と弁舌の前に「サスガ」と思ったのではないか。「サスガに」ということばを漢字では「流石に」と書くのは、「漱石枕流」を圧縮した形だから、ここから出たものである。

漱石と論語

二松學舎

夏目金之助は、一八八一年一月から漢学塾である三島中洲（みしまちゅうしゅう）が開設した「二松學舎」で論語を中心とした東洋学を約二年半学んでいる。建学の精神は、「東洋の精神による人格の陶冶」である。若き青年の漱石には、ここでの勉強はその後の精神形成に大きく作用しているようである。明治の大経済人である渋沢栄一（しぶさわえいいち）も『論語とそろばん』を著し、もうけ主義の経済活動でなく、理にかなった商売を勧めて成功している。『論語』に「利によりて行えば、怨み多し」がある。

漱石

一八九三年、東京帝国大学を卒業し、愛媛県松山中学、熊本県第五高等学校で教鞭をとった。その後、英語研究のために英国への留学が命じられ、英国で科学的な体系による「文学論」執筆と、「自己本位」の問題とで悩み、一時は発狂の噂も流れた。帰国後は東京帝国大学の講師となった。高浜虚子の勧めで、雑誌『ホトトギス』に『吾輩は猫である』を発表した。

ペンネームについては、東洋学の素養と官界への反発をこめて漱石としたものではないかと考えられる。

『草枕』

この小説は漱石が熊本の第五高等学校で教師をしているときを思い起こしての作品である。正月を迎える夏目家では、来客者用の料理を準備したが、学生に全てを食べられた。去年の轍を踏まないために、漱石は温泉に出かけることにした。熊本から阿蘇は遠く、金峰山を超えて有明海に面した小天温泉に出かけた。小天温泉では元熊本細川藩の槍指南役の前田案山子の家に逗留した。前田案山子が熊本へ出かけるときは、他人の土地を踏むことなく行ける、という資産家でもあった。明治の代となって、これからは農民のために一生を捧げるとして「案山子」と名前を変えた。西南の役では、地域で保管していたお金を薩軍が拠出するよう要請したが、堅く拒否をしている。

「山路を登りながらこう考えた、智に働けば角がたつ。情に棹させば流される。意地を通せば窮屈だ。とかくこの世は住みにくい」これは、『草枕』の冒頭部分である。「智に働けば」は、ホンネとタテマエでは「タテマエ」であり、道徳と情であれば「道徳」である。官の世界を渡っていくためには、タテマエでないと評価されないが、タテマエだけでは息が詰まりそうなことが多々あるものである。漱石はタテマエだけでなく、ホンネ（情）の必要性も十分認識し、この両者の間の調和の橋をかけることを考えていたようである。

達観

『論語』に「吾十有五にして学に志し、三十にして立ち、四十にして惑わず、五十にして天命を知り、六十にして耳順い、……」とある。この教えから感ずるものがあったのであろう、「則天去私」を認めて残している。意味は「天の教えに則り、私を去る」だから、私利私欲を遠ざけて、神（天）のご意思に沿って生活していくである。英語でいうならば、「Live by Heaven Way」で「神の道によって生きる」である。西郷南洲翁の「人を相手にせず、天を相手にせよ」と通じるところがある。

30 邯鄲の夢（一炊の夢）

遠くペルシャからもやってきて交易で栄えた国際都市の長安に都をおいた中国唐の玄宗（げんそう）皇帝の時代の話である。傾城の楊貴妃（ようきひ）を後宮に迎える前の玄宗皇帝は、善政により国運も上り坂で太平がみなぎっていた。道士の呂翁が旅の途中の邯鄲（かんたん）の旅舎（りょしゃ）で休息をしていると、盧という若者が畑仕事の途中で立ち寄った。

その若者は、身なりも貧しそうで、その上に「アクセク働かねばならない」と嘆いた。翁は「見れば身体も丈夫そうだし、何を嘆くことがあろう」と意見をした。若者は「今の状態ではタダ生きているだけです。手柄をたてて有名になり、立派な暮らしがしたいのです」と答えた。

旅舎の主人はちょうど粟をふかしているところであった。眠くなったと申し出た若者にたいして、翁は袋のなかから枕を取り出し、枕をすすめながら「この枕で寝れば思い通りになる」といって貸してやった。

枕は陶製で両はしには穴が開いて、若者がウトウトとしていると、枕の穴が大きくなり、穴の奥が明るいので、起きだして穴の中へ進んでいった。そこには清河の崔氏の大きな家があった。若者は崔氏の娘と結婚し、翌年には科挙（かきょ）の試験に合格し役人になった。地方官を勤めたあとに、都の長官になり、軍の司令官となり外征して敵を打ち破り、手柄を讃える記念碑まで建てられた。時の大臣にねたまれて左遷されたこともあったが、三年程で都に呼び戻され、大臣に任じられ賢相と讃えられるほど人気があった。

ところが、国境に駐屯する軍の司令官と結託して、反乱を起こそうとしていると讒言され牢獄へいれられた。その時、盧は泣きながら妻子に対して「わしの故郷の山東には生活していくだけの田畑はある。役人になったのが間違いであった」と告げて、刀をとって自殺しようとしたが、妻に止められた。そして地方へ流された。

数年後、無実の罪と判明し、盧は天子に呼び戻され、中書令（ちゅうしょれい）（詔勅を扱う役所の長官）になり領地も賜った。五人の子供もそれぞれ出世して、多くの孫にも囲まれた安楽な暮らしであった。八〇歳になり天子に隠居を願い出たが勅許されず、病気になると、名医だ、良薬だ、と天子から大事にされた。しかし、よる年波には勝てず、とうとう死を迎えた。

盧はアクビをして目を覚ました。見渡せば、邯鄲の旅舎のなかで、翁もいるし、宿の主人がふかしている粟はまで出来あがってはいない。「ああ、あれは夢だったのか」という盧にたいして、翁は「この世のことは、みんなそんなものさ」と諭した。

「偉くなったり左遷されたり、富をえたり失ったりすること、生きていくこと死を迎えること、すっかり解りました」、「先生は私の欲をふさいでくだいました。ありがとうございました」と礼を述べて、ていねいにおじぎをして帰って行った。

「邯鄲（かんたん）の夢（ゆめ）」は、粟メシができる間ということで「一炊の夢」ともいわれている。この世の栄華もつかの間の夢と同じで、アテにならないものだという意味でつかわれている。

この「邯鄲の夢」のように人生を達観して送る生き方もあると思うが、長い人生の過程を常に前向きにきりひらいていけば楽しい人生になる。

孔子は「われ十有五にして学に志し」といっている。いま、江戸時代の若き数学者であり天文学者であった安井算哲（やすいさんてつ）を主人公にした「天地明瞭」が全国の映画館で上映された。徳川幕府は鎖国政策をとるなかで、外国の知識は閉ざされていたが、まさに学に志し知識欲は旺盛で、最後には日本独自の「こよみ」を作り上げている。

「三十にして立つ」といっている。最近は晩婚化で三〇歳になっても結婚していない人がいるが、三〇歳頃になると、一家を構え、社会貢献できる仕事をしている時期である。

「四十にして惑わず」といっている。地理的に不利な甲斐の国から都を目指した武田信玄には、「四十歳より内は勝つように、四十歳より後は負けないように」との名言がある。人生において四〇歳までに一定の力をつけておく必要があるようである。

「五十にして天命を知り」といっている。五〇歳ぐらいになると、人生の終着駅が見えてくるころである。思いどおりの人生であれば良いが、不本意な人生の場合は、社会のせいや、人のせいにするのでなく、我にかえって少しでも目的に向けて努力する必要がある。孟子は「行いて得るものあらざれば、反えりてこれを己に求む」と訓じている。

「六十にして耳順い」といっている。六〇歳ともなれば悟りの境地になり、他の人が悪口いっても気にならないようになるものである。

「七十にして心の欲する所に従えども、矩(のり)をこえず」といっている。七〇歳ともなれば、自分かっての行動が許されるものである。ただし、ルールを逸脱した行動は許されない。

人生は多くの人との出会いや、自然との出会いがあり、そこに感動がうまれるものである。逆境も楽しめるようになれば本物である。

31 諫鼓

平成二三年の福岡県の春は、著名な絵画の展覧会が開催され、眼福の至りである。主なものとして、出光美術館（門司）では「源氏絵と伊勢絵」、福岡県立美術館では「祈りと旅・棟方志功」展（五月二六日〜）、アジア美術館では「放浪の天才画家・山下清」展、福岡市美術館では「ハンブルク浮世絵コレクション展」、福岡市博物館では「大北斎展」、そして石橋美術館では「没後一〇〇年青木繁展」が善男善女を楽しませている。ハンブルク浮世絵展のなかに、磯田湖龍斎の版画に「諫鼓（かんこ）鳥」が展示されていた。

諫鼓の話は、中国の神話伝説に出てくる。中国の神話では、三皇五帝といって、三皇は伏羲（ふっき）、神農（しんのう）、黄帝（こうてい）、五帝は少昊（しょうこう）、顓頊（せんぎょく）、帝嚳（ていこく）、帝堯（ていぎょう）、帝舜（ていしゅん）があるが、「諫鼓」は帝堯の政治に出てくる。

帝堯は、国民をおもいやる仁の心は天のごとく、博学知識は神のごとく、聡明な天子で、天を敬い、人を愛する理想の政治家であった。天子の住まいは、屋根は萱ぶきで軒先は揃ってなく、僅か三段の土盛をした上に建てられているもので、質素を極めていた。驕ることもなく、ひたすら良い政治をすることに専念していた。

帝堯は、政治を行うにあたり、独りよがりの過ちを犯すのを恐れて、宮門の入口に大きな鼓を置いた。鼓は「敢諫の鼓」と名付けられ、誰でも帝堯の政治に公平性を欠くものがある場合は、鼓を打ち鳴らして、遠慮なく建設的な意見や批判的な事を述べることが出来るようにした。

しかし、国民からは鼓を打ち鳴らして、何ら批判などを申し出るものがなく、鼓の上は鳥が羽を休める場所として、いつも鳥が悠然としていた。

学ぶ・政治の要諦

『三略（さんりゃく）』では、政治の要諦は「衆心を察し、百務を施す」として、国民の気持ちを思いやって、その上で万般の政策を施すことだといっている。心のかよった政治である。

周の文王（ぶんのう）は、太公望（たいこうぼう）に対して「如何にして天下を治むべきか」と尋ねると、次の六事項を挙げている。

第一は、天下を包容するような大きな度量。
第二は、国民の信頼を勝ち得るような深い信頼。
第三は、国民に慕われるような深い愛情。
第四は、領内に行渡るような恩恵を施すこと。
第五は、国を一つにまとめていくような大きな権力。
第六は、果敢に政策を実行していくような強い信念。

第一から第四までは、為政者の徳を求めているが、第五と第六は政治を行う上で、大きな権力と強い信念が必要と教えている。強力な権力基盤の上に立って、断固やり抜く強い意志力が必要といっている。

東日本大震災では、阪神淡路大震災と違うところは、多くの行方不明者がいることである。行方不明となった肉親や知人のことは、物理的な救済が終わっても、長く心を痛めることと思われる。思いやりの政治として、被災された方々の心のケアも充実してほしいところである。

目安箱

江戸中期の徳川幕府は財政的に厳しい状況であった。将軍職の後継とされていた尾張藩主の徳川吉通の急死により、紀州藩主の徳川吉宗に将軍職が転がり込んできた。吉宗は倹約令を発し、上下ともに質素にするよう命令し、自身も一汁三菜の食事であった。新田の開発も積極的に行い、大名の参勤交代も軽減するかわりに、一万石に対して百石を幕府に納める「上米令」などで財政再建を実施した。

江戸市民に対しても、「公事方御定書」を制定し、裁判の公正を進めた。また、庶民の意見を取り入れるために「目安箱」設置した。これらの政策の提案者は恐らく吉宗の篤い信任があった、江戸町奉行の大岡越前守忠相であったであろう。

目安箱に町医者の小川笙船が貧民のために、救護所の設置を建白したのを幕府は受けて、「小石川養生所」を設置した。医療が福祉（公助）として組織的に市民に施された最初ではないかと考えている。

この春は各地で統一地方選挙があり、多くの議員が生まれたが、議員は選挙のときだけ庶民と接することなく、常々、庶民の意見を聞きながら、より良い政治に志してもらいたいものである。

閑古鳥

閑古鳥は、郭公(かっこう)の異名である。郭公の鳴きようから、「もの淋しいさま」のたとえとして使われる。客足の少ないデパートや酒肆などの状態を表現するのに利用される。

岩﨑充孝（いわさき みつたか）

昭和17年、福岡県大牟田市生まれ、福岡大学卒。

福岡社会保険事務局総務調整官、聖マリア病院本部長歴任。

NPO岡田武彦記念館理事、社会福祉法人福成会理事。

保健医療経営大学特任教授として活動中。

著書　『診療報酬のしくみと基本』『療養担当規則ハンドブック』

ISBN978-4-89619-955-0

故事に学ぶ

平成二十八年　七月　十五日　初版印刷

平成二十八年　七月二十五日　初版発行

著者　岩﨑　充孝

発行者　小林眞智子

印刷所　㈱興　学　社

発行所　㈱明德出版社

〒162-0801 東京都新宿区山吹町三五三

（本社・東京都杉並区南荻窪一-二五-三）

電話　〇三-三二六六-〇四〇一

振替　〇〇一九〇-七-五八六三四